台湾のお弁当

台湾大好き編集部

誠文堂新光社

いつものお弁当。

自分のために
誰かのために作る味。

今日は、なにに入れる？

お弁当持って行ってきます。
延平南路
YanPing S Rd.

● 目次

※台湾元と日本円のレートはおよそ1元=3.68円（2020年11月現在）。

お料理の前に。

本書では、登場する台湾の方々に教えていただいたレシピを、日本でより手軽に・簡単に作れるようにしたレシピをおもに掲載しています。

い　日本で手に入れづらい食材は、代用品で。

台湾では一般的でも、日本ではなかなか買えない食材があります。その場合は試してみてなるべく近いと思ったものを候補として提案してあります。本物を知りたい！　という場合は、台湾旅行の際に味わってみたり、おみやげとして買って帰ってくるのも楽しみ方のひとつです。

ろ　より手軽な食材選びをご提案。

えびなら殻付きの有頭を、イカは生から捌くなど、下処理や調理に手間ひまがかかる材料も出てきます。冷凍やすでに加熱したもの、すでに切ってあるものなど、市販品でもおいしく作れる場合はその旨を記載してあります。また、台湾では料理時に加えるお酒は基本的に米酒《ミージォウ》（１３５ページ）ですが、なければ料理酒で代用しても大丈夫です。レシピページには「米酒【料理酒】」と記載してあります。

は　肉の細切り問題。

台湾では肉の細切りがポピュラーで、細切りになったものを普通にスーパーや市場で買うことができます。本書の料理でもしばしば出てきますが、日本で市販の細切り肉を買うのはなかなか難しいので、火が通りやすければ好きな形状の肉で大丈夫です。細切り肉が登場するページには代替のものも記載してあります。

に　にんにくはペーストでもよし。

とにかく、にんにく！　肉も野菜もなんでも、にんにくの出番は非常に多く、材料のスタメンといっても過言ではないほど。にんにくそのものを使うのがやはりおいしいですが、手早く作りたい場合はチューブタイプのにんにくペーストがおすすめです。ただしチューブタイプを使う際は、フライパンに材料を入れてからペーストを加えること。熱した油に直接加えると盛大に跳ねます。危ないのでご注意を。

ほ　油は基本、なんでも。

とくに指定のない場合は、材料のところに「サラダ油」と書いてあります。しかし必ずサラダ油でないといけないわけではないので、普段使っている油で問題ありません。

へ お弁当の盛り付けについて。

ごはんの上におかずを盛り付けるスタイルがポピュラーで、本書でも半分以上の方がそうしています。まずごはんをお弁当箱に詰めて、その上におかずをたっぷりと、美しさも考慮しながら配置。蓋を開けると一瞬おかずしかないように見えますが、その下にちゃんとごはんがあるのです。

と 道具について。

本書で登場するほとんどの方が中華鍋を使っていますが、作りやすさの観点から本書ではフライパンと記載しています。また「大同電鍋《ダードンディエングオ》」という台湾では一家に一台的な万能調理器もたびたび出てきますが、それはすべて電子レンジやフライパンなど身近な道具を使った作り方にしています。

ち 自分流のアレンジも楽しんで。

教えていただいたのは、ご登場いただいたみなさんがいつも作っている料理です。薄味傾向の方もいれば、ガッツリ濃い味好きな方など嗜好によって仕上がりはいろいろ。本書のレシピを参考に、ちょっと濃くしてみたり、ひと味加えてみたりしながら、ぜひ自分のお気に入りの味を見つけてみてください！

一見おかずだけ。しかし横から見てみると、下にきっちりとごはんが詰まっているのがわかる。

大同電鍋は蒸す、煮る、炊くが一台でできる台湾のロングセラー調理器。スイッチひとつ押せばあとは待つだけ。1918年創立の電機メーカー「大同」の商品で、日本でも購入できるようになった。カラーバリエーション豊富。

レシピページの見方。

台湾での
料理名と読み方

料理名の日本語

【これで代用!】

日本で手に入りづらいものは、代用品を記載

30

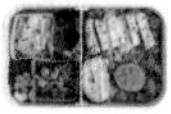

ハイギさんのお弁当レシピ

シンプルでおいしいレシピは、
野菜のゆで汁も活用する無駄のなさもすばらしい。

① 瓜子肉《グァズロウ》
（漬けもの入り蒸しひき肉）

料理についての説明

台湾での家庭料理の定番中の定番。
漬けもののうま味を活かした蒸しひき肉は、
白ごはんにもお粥にもよくマッチする。
作るときに団子状にしてもよし、塊で作って
でき上がり後にスプーンでほぐして食べるのもよし。

材料（夜ごはん2人分+お弁当1人分）
豚ひき肉 … 150g
脆瓜 p.139【きゅうりの漬けもの】
（汁も加える）… 90g
A
米酒 p.135【料理酒】… 小さじ2
塩 … ひとつまみ
こしょう … 少々
かたくり粉 … 少々

【これで代用!】
脆瓜《ツィグァ》：きゅうりの漬けもので代用。普通にスーパーなどで売っているもので十分。

作り方

作り方
1 脆瓜を細かく刻む。
2 豚ひき肉に1とAを加えてよく混ぜる。ポリ袋に入れてその上から揉み込むと便利。
3 2を耐熱容器に入れて軽くラップをかけ、電子レンジ（500W）で5～6分熱する。中央を割って確認し、中まで火が通っていれば完成。

memo
● 歯応えを楽しみたい場合はきゅうりの漬けものを大きめに切るなど、お好みでアレンジを。
● ひき肉を耐熱容器に入れるときは、なるべく平らに、高低差がつかないようにすると、まんべんなく熱が行き渡る。
● 3のとき途中で一度レンジを止めて火の通り具合を確認し、あと何分熱するか調整するとよりよい仕上がりに。

料理の写真

現地からのこぼれ話
● ハイギさんは肉を蒸す際に大同電鍋を使用している。煮る、蒸す、炊くと万能な大同電鍋は台湾家庭の台所のマストアイテム。

材料

登場する台湾の方々に教えていただいたレシピを、作りやすい分量にして掲載。入手しやすさ、作りやすさの観点からおすすめの材料があれば【 ○○ 】（○○でも代用可能）と併記している。白・黒こしょう、みりん、しょうゆなど台湾のものも日本のものも変わらない調味料については特記していないが、メーカーや調味料に関するトピックスなどは巻末「調味料いろいろ。」（p.134-139）に記載あり

現地からのこぼれ話

料理を教えてくれた方独自の作り方やアドバイス、台湾での豆知識など

memo

料理をするうえでのヒントや注意など

10人のお弁当と物語。

手作りのお弁当が生まれる理由はさまざまです。

健康のために自分で作るお弁当、
愛する妻のために作るお料理好きの夫によるお弁当、
大好きなおばあちゃんが大学生の孫のために作るお弁当、
かわいい娘のためにお父さんが作るお弁当、
夫のために妻が作るお弁当、
故郷の味をぎっしり詰め込んだお弁当——
そんな、いつものお弁当。

いつ、どこで、誰が食べるのか、誰がどう作るのか。
一つひとつのお弁当に
それぞれのストーリーがあります。

朝早く起きてお弁当のためにおかずを作るというよりは、
前の晩の食卓に並ぶ料理が
次の日のお弁当のおかずにもなることがスタンダード。
だからといって手を抜いているというわけではなく
そこにはおいしく食べるための手間と愛情が潜んでいます。

飾ることのないいつものお弁当と
お弁当を食べるときの景色を
教えていただいたレシピとともに紹介します。

スラリと美人のリンさん。「忙しいときは夜遅くまで、週末も出なきゃいけない。でもこの仕事が好きなんです」。お昼前のオフィスにて。

一・

父の愛がたっぷり詰まった
食材と色彩のハーモニー

リンさんのお弁当

リン・チャオティンさん

30代、旅行会社団体業務部主任

リンさんは両親との3人暮らし。台湾で高校を卒業してから名古屋の語学学校で日本語を半年間勉強し、岐阜にある大学で観光文化を学ぶことになった。その間4年1人暮らしをし、経験のためと思い回転ずし店でアルバイトもしてみたが、学業との両立などあまりの大変さに半年間で辞めて、以降は勉学に専念した。卒業後は台湾へ戻りアウトバウンドの旅行会社で1年勤め、そこから転職してインバウンド業界に入り10年。現在の会社では3年半が過ぎたところで、団体ツアー部のリーダーを担う。

取り扱うツアーは決まったコースのものではなくて、基本的にはオーダーメイド。普段は9時出勤の18時退社だけれども、コースの下見で夜の街へ行ったり、オンシーズンには23時退社や週末出勤もある。しかし、リンさんの優しげで柔らかな雰囲気は、その忙しさや責任の重さを感じさせない。それもあってか部下からは巧婷姐《チャオティンジエ》（巧婷お姉さんという意味で、台湾では年上の女性の名前

右上／お弁当は会社に持ってきたら冷蔵庫に入れ、お昼前に電子レンジで温めて食べる。右下／食べるのはいつも自分のデスクで。左／お弁当箱と布と箸は日本旅行で買ったもの。食べ終わったら、お弁当箱を洗いに即炊事場へ。きれいにしてから持って帰るのが基本。

に姐（ジエ）を付けて、敬意と親しみを表す）と呼ばれて慕われている。

勤めている会社は台北の真ん中、台湾の主要な旅行会社が集中しているエリアにある。外食は食費がかさむし、毎日なにを食べるか考えるのが面倒なことも、お弁当を持参する理由のひとつではある。けれどもリンさんにとってのお弁当とは「父の愛情表現」という面も大きい。

「だって毎日レシピ本を見て、必死でメニューを考えて、試行錯誤しながら一生懸命作ってくれるんですよ」。リンさんのお父さんは67歳。背が高くて、体格がよくて、見た目はちょっと厳しそうだけれどもすごく優しいという。58度もある金門島名産のコーリャン酒が大好きで、夕食を食べながらコップに1杯ほど飲むのが毎日の日課。ウイスキーも好きだ。

もともとリンさんのお父さんは、台北の有名ビ

上／デスクのいちばん下の引き出しには、おやつや茶葉を収納。15時ごろは、たまにタピオカミルクティーなどをデリバリーオーダーしてのおやつタイムもある。左上／オフィスの窓際は癒やしの空間。いろんなサボテンがみんなの目を楽しませてくれる。「下次澆水日」（次の水やり日）もばっちり明記。水やりはみんなで順番に。左下／窓から望むとちょうど台北市内中心地の交差点が斜め下に見える。そろそろお昼時で、交通量も増えてくる時間帯だ。

ユッフェレストランのマネージャーをしていた。リンさんが高校生のころにヘッドハンティングされて中国に行き、北京、上海、青島と18年を過ごした。シェフではなかったものの、職業柄、見様見真似で料理はできるようになった。退職後は台湾へ戻り、以来、娘のお弁当作りへと猪突猛進することになるのだった。それまでリンさんのお弁当はお母さんが担当していたけれど、そのお弁当作りだけでなく、夕食までも腕を振るうリンさんのお父さん。いまでは「キッチンは父の城と化しました」。

お父さんが作る夕食は、大体が4菜1湯という4品の料理にスープが1品というスタイルだ。台湾でレストランに行くとよく「合菜《ハーツァイ》」といって1人ずつの分ではなく、何人かでいっしょに食べる料理を頼むけれど、4菜1湯はその合菜の4～5人のコースメニューによく出てくる定番の品数。そんなレストランのようなスタイルを日々の食卓

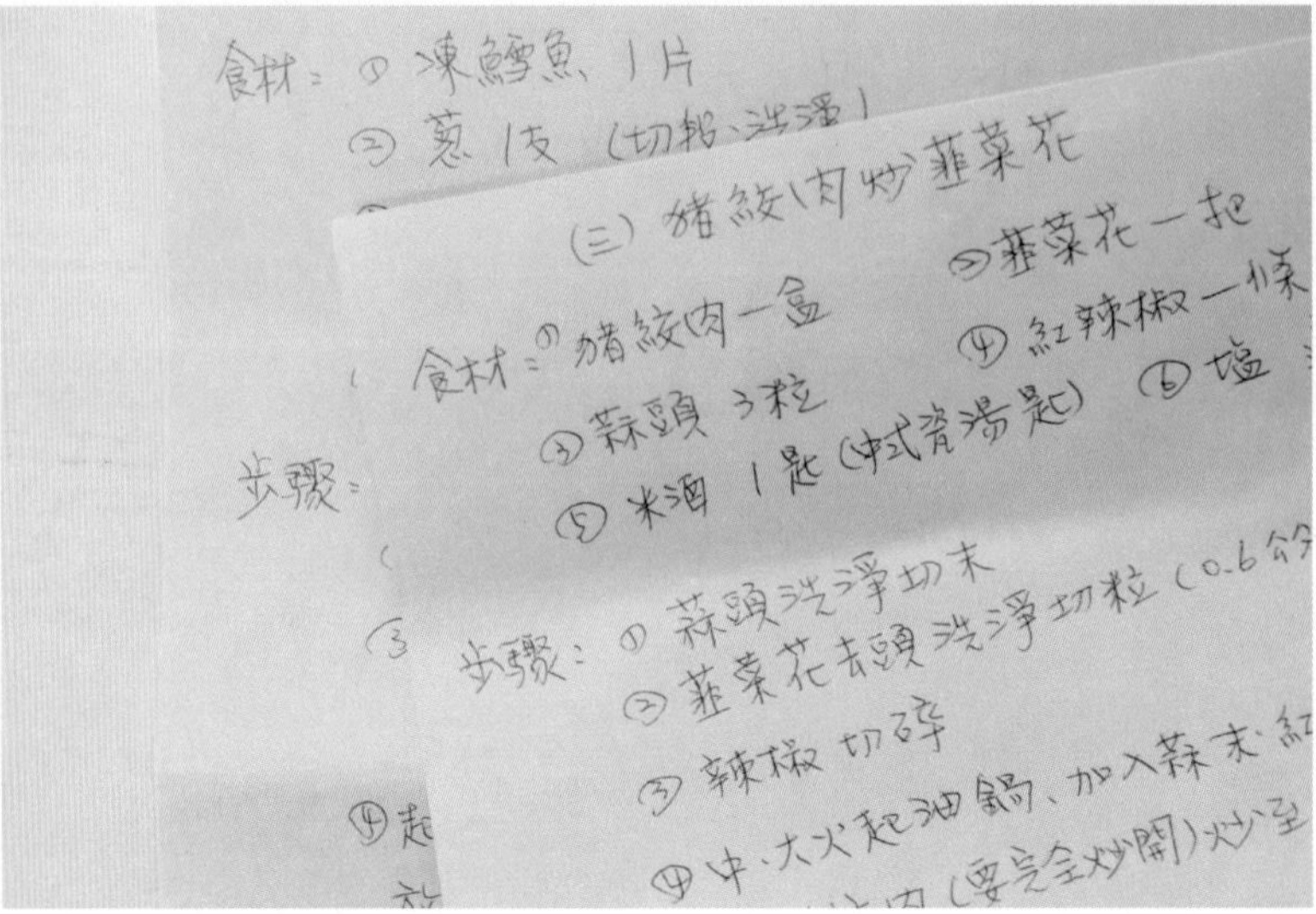

取材の日のために、リンさんのお父さんが書いてくれたレシピ。わからないことなどを尋ねたら、わざわざ動画を撮って解説してくれるほど親切で感動した。

で作っているというから、びっくりする。毎日市場へ行き、市場が休みの月曜日はスーパーや小売店へ行く。日ごと料理本を読み、ネット上の動画もリサーチするなど、料理への研究を欠かさない。買い物、仕込み、調理、そして後片付けまできちんと行う。そんなお父さんに、リンさんはたまに清蒸檸檬魚《チンジェンニンモンユィ》（レモン風味の蒸し魚）という料理をリクエストする。お父さんの得意料理かつ、リンさんがもっとも好きな一品であるものの、レモンは時間が経つと苦味が出るのでお弁当には不向きだそう。ちょっと残念だがしょうがない。

キッチンがお父さんの城になってから、お母さんはもっぱら掃除などの家事を担当するようになった。両親は仲がよくて、大好きな緑茶や紅茶をたしなんだり、日中は2人で自転車に乗って淡《タン》水《シュェイ》（台北近郊の景勝地）まで行くこともあるのだそう。リンさんのお父さんのお弁当が、多方面から家族の暮らしを優しく満たしている。

一・
リンさんのお弁当、おしながき

①薑蔥麻油蝦（ねぎとしょうがのえび炒め）
②清蒸鱈魚（蒸したら）
③豬絞肉炒韮菜花（豚ひき肉とにんにくの茎炒め）
④雞丁紅蘿蔔炒玉米粒（にんじんとコーン入り鶏肉炒め）

リンさんのお弁当レシピ

レストランのシェフから得た技と知識を、家庭の味にアレンジ。
海鮮、肉、野菜、バランスの取れた献立で舌も身体もハッピーに。

① 薑蔥麻油蝦《ジャンツォンマーヨウシァー》
（ねぎとしょうがのえび炒め）

家庭で豪華レストランの味が楽しめる
リンさんのお父さん会心の作。
華やかな見た目ながら、
味付けは塩とにんにくでシンプル。
有頭殻付きのえびが理想だが、
むき身で作ってもおいしさは健在。
時短派はむき身でぜひお試しを。

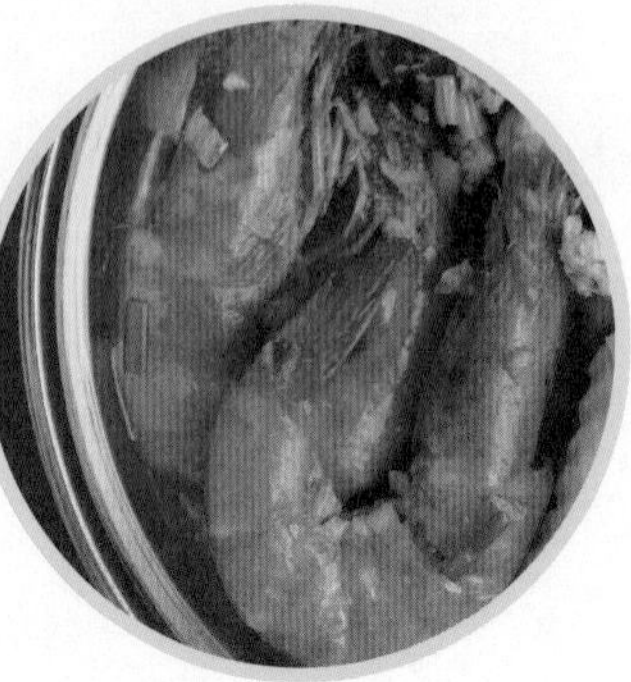

材料（夜ごはん2人分＋お弁当1人分）
白えび（むき身でも可）… 135g
ひねしょうが
（普通のしょうがでも可）
… 1〜2切れ
青ねぎ … 1/3本
にんにく … 1かけ
黒ごま油 … 大さじ1
米酒 p.135【料理酒】… 大さじ1
塩 … ふたつまみ
水 … 約50㎖

【これで代用！】

米酒《ミージォウ》：米から作られた蒸留酒。日本の中華食材店などで手に入るが、なければ料理酒でも問題ない。米酒の方が香りも味わいも強い印象。こだわりたい人は探してみて。

作り方

1　にんにく、青ねぎの白い部分、しょうがをみじん切りに、青ねぎの緑の部分は小口切りにする。
2　熱したフライパンに黒ごま油、にんにく、青ねぎの白い部分、しょうがを入れて炒め、香りを立たせる。
3　えびを入れて少し炒めたら水を加え、えびに塩をふってひっくり返し、鍋に蓋をして、中火で約3分蒸す。
4　蓋を開けて強火にし、米酒を鍋肌から流し込む。完成の直前に青ねぎの緑の葉の部分を入れ、ささっと炒めたら完成。

memo

● えびは冷凍のむき身でもおいしくできるし食べやすい。パパッと作りたいならおすすめ。

現地からのこぼれ話

● リンさんのお父さんは有頭殻付きの新鮮な白えびを使用。白えびは調理前にヒゲを切って背ワタを取り、洗う。洗ったあとはザルに入れて水気を切っておく。

② 清蒸鱈魚《チンジェンシュエユィ》
（蒸したら）

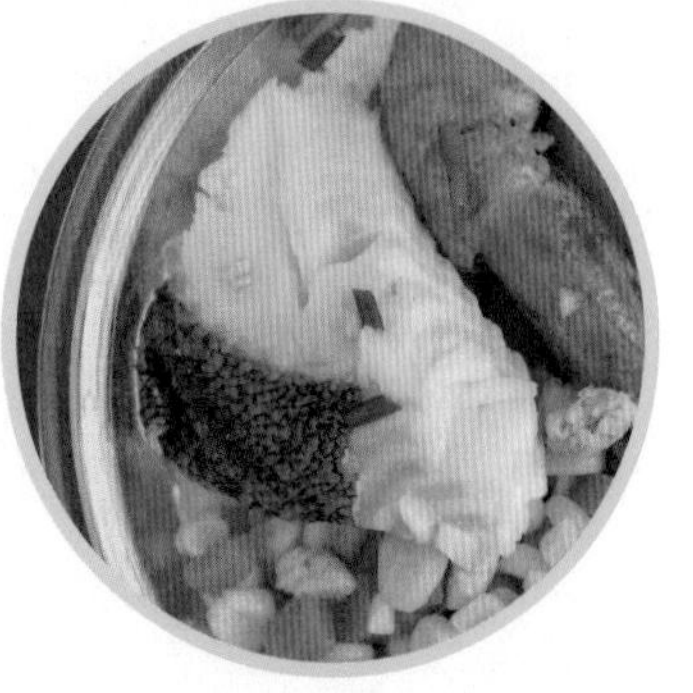

台湾のレストランでよく見かける
メニューのひとつ蒸し魚は、家庭でも定番の味。
リンさんのお父さんが好きなコーリャン酒の
アテとしてもこの料理は秀逸だとか。
かなり薄味なので、濃いめが好きな人は
少ししょうゆを多めにしても。

材料（1人分。半分はお弁当に）
たらの切り身 … 1切（80g）
青ねぎ … 1本
みりん … 小さじ1
塩 … ふたつまみ
美極鮮味露 p.134【合わせ調味料】… 小さじ1

作り方
1　青ねぎを約10cmの長さに切る。たらを洗いキッチンペーパーで水気を取ったあと、両面にみりんをまんべんなく塗る。
2　陶器製の皿の上に竹箸（割りばしでも可）を２本平行に置き、その竹箸の上にたらをのせる。
3　たらに美極鮮味露と塩をかけて、青ねぎをのせる。
4　鍋に足付き蒸し網（なければ皿や茶碗などでも可）をセットし、その上に**3**を皿ごと置く。鍋に水を張る。水は沸騰しても皿にかぶらないほどの量にする。
5　蓋をして強火で８〜10分蒸す。
6　火を止めてから箸を抜き、皿を鍋から取り出す。

【これで代用！】
美極鮮味露《メイジーシェンウェイルー》：原材料がしょうゆ、砂糖、水、塩、小麦などでできているうま味調味料。日本では似たようなものでタイ産のシーズニングが手に入るが、なければしょうゆ小さじ1、塩ひとつまみ、砂糖少々など、しょうゆベースで調味料をブレンドしても雰囲気は出る。もしくは、しょうゆで代用しても。

memo
● 鍋が空焚きにならないよう、途中で水の量をチェックして適宜追加しよう。

現地からのこぼれ話
● リンさんのお父さんは中華鍋に「蒸盤《ジェンパン》」という専用の網をセットし、その上に皿を置いて蒸していた。蒸盤は台湾の五金行（生活雑貨店）や鍋の専門店等で手に入る。
● 魚の切り身を箸の上にのせることで、両面をムラなく蒸せる。台湾で家庭料理を作るときの手法だそうで、レストランのシェフに教えてもらったそう。

③豬絞肉炒韮菜花《ジュージャオロウチャオジォウツァイホァ》
（豚ひき肉とにんにくの茎炒め）

これを白ごはんにドン！と盛って、丼にして食べるとまさに至福……。
にんにくの茎と実のダブルパンチでスタミナ抜群、
炒めたひき肉の食感と相まって食べ応えもすごい。
ごはんがどんどん進む魔性のメニュー。

材料（夜ごはん2人分＋お弁当１人分）
豚ひき肉 … 150g
にんにく … １かけ
にんにくの茎 … 40g
サラダ油 … 大さじ１
とうがらし … お好みの量
米酒 p.135【料理酒】… 大さじ1/2
塩 … ふたつまみ

作り方

1 にんにくをみじん切りに、とうがらしを輪切りに、にんにくの茎を６㎜幅ほどに切る。

2 フライパンを強火で熱してからサラダ油を入れ、みじん切りにしたにんにく、とうがらしを炒めて香りを立たせる。

3 豚ひき肉を入れ、中火でほぐしながら八分ほど炒めたら米酒と塩を加える。

4 にんにくの茎も加えて炒め、にんにくの茎に火が通ったら完成。

現地からのこぼれ話

● リンさんのお父さんは生とうがらしを輪切りにして使っていた。生のとうがらしが手に入らなければ乾燥のものでもOK。乾燥とうがらしは輪切りになったものがスーパーなどで売っているのでより便利だ。

④ 雞丁紅蘿蔔炒玉米粒《ジーディンホンルオボチャオユィミーリュー》
（にんじんとコーン入り鶏肉炒め）

レンゲでガッツリすくって食べる粒々系おかず。
白ごはんの上にのせていっしょに食べても◎。
サラダチキンとミックスベジタブルを使うと大幅時短が可能。
味も遜色なく、作りやすいのでおすすめ。淡い味わいで、食べるほどにうまい。

材料（夜ごはん２人分＋お弁当１人分）

鶏ささみ肉（サラダチキンでも可）… １パック（120g）
コーン缶詰 … 約140g ┐
にんじん … 1/4本 ┘── ミックスベジタブル200gでも可
サラダ油 … 大さじ１〜２
水 … 20mℓ
にんにく … １かけ
パクチー … お好みの量
塩 … ひとつまみ
A
　しょうゆ … 大さじ1/2
　米酒 p.135【料理酒】… 大さじ 1/2
　白こしょう … 少々
　かたくり粉 … 小さじ1/2

作り方

1 にんにくをみじん切りに、鶏ささみ肉を角切りに、パクチーを１cm幅に切っておく。
2 切った鶏ささみ肉にAを加えてよく混ぜ、15分間置く。
3 フライパンを熱しサラダ油を適量入れ、**2**を入れて中火で炒める。八分ほど炒めたらいったん取り出す。
4 フライパンに適宜サラダ油を足し、にんにくを炒めて香りを立たせてからコーンとにんじんを加える軽く炒める。
5 水を入れて蓋をし、弱火にして２分間蒸らす。
6 再度鶏ささみ肉を入れて、塩で味を整えながら水分が飛ぶまで炒める。
7 パクチーを散らして完成。

memo

● 野菜はミックスベジタブル、鶏ささみ肉はサラダチキン、パクチーは刻んだ冷凍ものを使えばもっと手軽にできる。

自分とお母さんのお弁当を作るハイギさん。夕食を５人分ほど作り、残りを小分けにして冷蔵庫に入れてそれを翌日お弁当箱に詰める。外食は自分が作れないものだけで、後日再現に挑戦。猫と犬が好き。趣味は料理とピアノとコスプレ。

作ることが語る
お母さんへの思いやりと優しさ

ハイギさんのお弁当

シュエ・ペイイーさん
20代、ホテルマーケティング部所属

ハイギさん（職場に限らずみんな彼女のことを、名前の沛宜を日本語読みにした〝ハイギ〟と呼んでいて、彼女自身もそれがお気に入り）のお弁当史は、日本に交換留学をしたころに始まった。「うちは両親が忙しく、私は外食っ子でした。家庭の味というものにあまり触れずに育ったから、お母さんのお弁当を持っている子が羨ましかったな」とハイギさんは話す。

留学先では1人暮らしだった。それもあって海外からの留学生たちみんなと持ち回りで、お互いに食材費を支払いながら自分の国の料理を作ってもてなしあった。財布に優しいだけでなく、食事を通して友人もできたし、同時に文化交流にもなった貴重な時間だった。その半年間で香港のチャーシューやベトナム春巻などいろいろな料理も覚えた。暮らしたのは大阪府吹田市あたりで「お天気がいい日はみんなでお弁当を持って、万博公園にピクニックにもよく行きました。思い出がたくさん詰まった大阪は、私の第2の故郷！ 陽気な

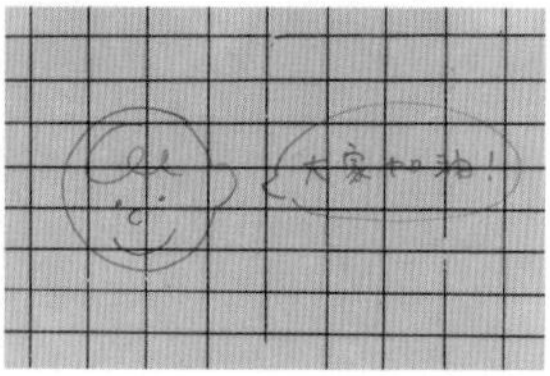

右上／休み時間に同僚が近くに新しくできたジューススタンドで買ってきてくれたタピオカ入り冬瓜青茶（微糖、微冰）30元。左上／明るいオフィス。右下／誰が描いたかかわいい「大家加油！」（みんながんばろ！）。オフィスの空気のよさが伝わってくる。中央下／文具類などは必要最低限。おやつは引き出しに。左下／食事中は膝に、食べ終わったらデスクの上に置いて昼寝時の枕になるクッション。

人たちと元気な空気が大好きです」と明るく思い出を語ってくれた。

　卒業し、台湾へ帰ってから就職。最初の仕事はデパート内にあるレストランのマーケティング担当だった。どの店をテナントに入れるかをリサーチするために、仕事上よく食べたそうだ。その後転職し、縁あって占い師の通訳になった。そこでいまの勤め先で働く観光ガイドに声を掛けられ、現職に至るというわけだ。職場では8人チームで、おもにオンラインでのホテル予約を担当している。同僚たちとも仲がよく、仕事が楽しくて仕方ない。

　ハイギさんは自分でお弁当を作る。そればかりか忙しいお母さんの分も作る。お母さんは食材を買う係で、ハイギさんが料理をする係。お弁当を作るのは自分なりの愛情表現でもあり、挑戦でもあり、喜びでもあり、そして充実感を得るためでもあるという。もちろん節約のためという側面もあるし、外食は炭水化物が多くて野菜不足になりがちなので、全体の量や栄養バランスが自分で決

上・左下／会社の昼休みは約90分。向上心の高いハイギさんにとって、お弁当タイムは勉強の時間でもある。イヤホンをつけて熱心にTOEICの勉強中。右下／ときどき果物も持ってくる。今日は白いドラゴンフルーツ。

められるのもお弁当のいいところだと考える。そうした健康的な面は、お弁当作りのモチベーションになる大きなポイントだ。聞けば、趣味のコスプレでいろいろな衣装をステキに着こなしたいから、というのもあるようだ。

それにしても仕事をしながら毎日お弁当を作るのは大変では？ と尋ねたところ「そうですね……でも一度休んでしまうとずっと休んじゃいそうで。だからＳＮＳにお弁当の写真をアップしたり、自分でテーマを決めてかわいく作ったりしてモチベーションを保ちつつ、たまにはストレス解消もしてますよ。私のこだわりは油少なめで、野菜は必須。大体は夜に作っておいて朝お弁当箱に詰めて持ってくるけれど、どうしてもおかずが足りない場合は6時ごろ起きて作ることにしています」。

ミニマリズムを愛するハイギさんは、食品を無駄にしないことがモットーだ。彼女のデスクや引き出しを見ても、誰もそこを使っていないと誤解

この赤いふろしきは、日本で初めてできた友だちがプレゼントしてくれたもの。一期一会を大切に、あのころの思い出とともに大事に大事に使い続けている。お弁当箱に付いているスプーンとフォークに加えて、お箸も持参。お箸も留学時代から使用している思い出がいっぱいのアイテムだ。

されるほどすっきりとモノが入ってない。冷蔵庫の管理もお手のもので、お弁当のおかずは冷蔵庫の中を見て決める。「この玉ねぎそろそろ使ってしまわないと。じゃあなにといっしょに料理する？」このような感じで食材をバンバン片づけていく。初めて作るメニューは、食材をそのまま容器に入れてみて分量を決めるのだとか。お母さんの分も作るときは2、3食分のおかずを冷蔵庫に保存しておくようにしていて、にんじんが苦手なお母さんが食べやすいよう工夫することも楽しんでいる。最近は給料日前でピンチになった同僚たちの分も作ってあげることが増えた。食材費だけをもらって、リクエストを受けるのも大歓迎だ。

ちなみに母娘喧嘩をした次の日は、お母さんとのコミュニケーションはキャラ弁で交わされるのだそう。手作りのお弁当が、語るよりも雄弁に母娘の間をつないでいる。

二．

ハイギさんのお弁当、おしながき

①瓜子肉
（漬けもの入り蒸しひき肉）
②菜脯蛋　ハイギさん流
（干しだいこん入り玉子焼き）
③什錦飯（炊き込みごはん）
④黄金泡菜（黄金の浅漬け）

ほか、ゆで野菜と市販の鶏肉のお惣菜（卜蜂ブランドの法式香草嫩雞胸肉）。

二、

ハイギさんのお弁当レシピ

シンプルでおいしいレシピは、
野菜のゆで汁も活用する無駄のなさもすばらしい。

①瓜子肉《グァズロウ》
（漬けもの入り蒸しひき肉）

台湾での家庭料理の定番中の定番。
漬けもののうま味を活かした蒸しひき肉は、
白ごはんにもお粥にもよくマッチする。
作るときに団子状にしてもよし、塊で作って
でき上がり後にスプーンでほぐして食べるのもよし。

材料（夜ごはん2人分＋お弁当1人分）

豚ひき肉 … 150g
脆瓜 p.139【きゅうりの漬けもの】
（汁も加える）… 90g

A
米酒 p.135【料理酒】… 小さじ2
塩 … ひとつまみ
こしょう … 少々
かたくり粉 … 少々

【これで代用！】

脆瓜《ツィグァ》：きゅうりの漬けもので代用。普通にスーパーなどで売っているもので十分。

作り方

1　脆瓜を細かく刻む。
2　豚ひき肉に**1**と**A**を加えてよく混ぜる。ポリ袋に入れてその上から揉み込むと便利。
3　**2**を耐熱容器に入れて軽くラップをかけ、電子レンジ（500W）で5～6分熱する。中央を割って確認し、中まで火が通っていれば完成。

memo

- 歯応えを楽しみたい場合はきゅうりの漬けものを大きめに切るなど、お好みでアレンジを。
- ひき肉を耐熱容器に入れるときは、なるべく平らに、高低差がつかないようにすると、まんべんなく熱が行き渡る。
- **3**のとき途中で一度レンジを止めて火の通り具合を確認し、あと何分熱するか調整するとよりよい仕上がりに。

現地からのこぼれ話

- ハイギさんは肉を蒸す際に大同電鍋を使用している。煮る、蒸す、炊くと万能な大同電鍋は台湾家庭の台所のマストアイテム。

②菜脯蛋《ツァイプーダン》
ハイギさん流

(干しだいこん入り玉子焼き)

台湾の伝統的な保存食である
干しだいこん「菜脯《ツァイプー》」を使った玉子焼きは
家庭でもレストランでも頻出のおなじみの味。
ポリポリとした菜脯の歯応えが
アクセントになっていて、よく噛めることで食後の満足感も高い。

材料(夜ごはん2人分+お弁当1人分)

卵 … 3個
菜脯 p.138【たくあん、切り干しだいこん等】
　(刻んだもの)… 適量
サラダ油 … 大さじ1
A
　しょうゆ … 小さじ2
　みりん … 小さじ2
　だし汁(顆粒だしを水で溶かしたものでOK)… 大さじ2

作り方

1. 菜脯を洗って5㎜角ほどに切る(切れているものを買った場合は洗ってからそのまま使う)。
2. 溶いた卵にAを入れて混ぜる。
3. 熱したフライパンにサラダ油を入れて、**2**を流し入れる。あまり火が強いとすぐに卵が固まってしまうので弱火が作りやすい。
4. 菜脯を卵の上にまんべんなく散らして、卵を巻く。巻けたら完成。

【これで代用!】

菜 脯《ツァイプー》:歯応えのある干しだいこんなので、同じくだいこんを素材とした保存食が比較的近いイメージ。

例1)たくあん、
　　いぶりがっこ

卵3個に対して7〜9gくらいがほどよい感じ。入れ過ぎると味が強くなり過ぎるので注意。ただし、たくあんは若干甘みが強くなる。

例2)切り干しだいこん

卵3個に対して、切り干しだいこん約30g。切り干しだいこんを戻したあと白だし大さじ1で味付けをしてから使う。切るサイズはお好みで。そのまま切らずに使っても満足感がある。歯応えはもの足りないがだいこんの風味が濃く出ておいしい。

memo

● 顆粒だしと水の分量比は、顆粒だしのパッケージ表記に準じる。

③什錦飯《シージンファン》
（炊き込みごはん）

ハイギさん流の炊き込みごはんは、とにかく
好きなものてんこ盛りで仕上げるのがコツ。
少し残っていた野菜なども入れられるのでコスパがよい。
白ごはんに飽きたときに、気分を変えるためのレシピ。

材料（3〜4人分）

米 … 2合

具材

- 鮭の切り身 … 120g
- まいたけ … 1パック
- ごぼう … 1/2本
- にんじん … 小1本

A

- だし汁 … 340mℓ
- しょうゆ … 小さじ4
- みりん … 小さじ4
- 日本酒（料理酒でも可）… 小さじ4

作り方

1. 米を洗ってから水を切っておく。
2. ごぼうを千切りにして水に浸けておく。にんじんは細かく刻み、まいたけは可食部分を手でほぐしておく。
3. 炊飯器の内釜に米 → 具材（鮭は崩れやすいのでいちばん上に置く）→ Aの順番で入れて炊く。
4. 炊き上がったら鮭の骨を取り除いて、軽く混ぜて完成。

現地からのこぼれ話

- だし汁は野菜をゆでたあとの残り汁を使えばより深い味わいに仕上がる。たとえば「黄金泡菜」（p.33）を作るときにできたゆで汁に顆粒だしを加えて使うと無駄がない。野菜のゆで汁がなくお湯を使う場合は、少ししょうゆを多めにして調整を。
- ハイギさんは炊き込みごはんの上に蒸したさつまいも、ゆでたにんじんをのせてデコレーションしている。

④黄金泡菜《ホァンジンパオツァイ》
（黄金の浅漬け）

もう一品ほしい！　そんなときに作るハイギさんのちょい足し料理。
買って来た泡菜（浅漬け）に好きな野菜をプラスして
少し豪華にバージョンアップさせるだけ。
名前の黄金は見た目の色合いからハイギさんが名付けたもの。

材料（作りやすい分量）

市販の浅漬け（キャベツか白菜）
　… 1パック（約80g）
もやし … ひと掴み
しめじ … 適量

作り方

1　もやしと、ほぐしたしめじをゆでる。
2　浅漬けに**1**を混ぜて完成。

memo

●ゆで汁は捨てずに什錦飯（炊き込みごはん）で再利用。
●仕上げに少しだけごま油をたらしても美味。

大好きな奥さんに喜んで欲しいと、日々お弁当を作る優しさと愛情にあふれたタンジンさん。基本的には夕食を４人分作り、半分をお弁当用にする。写真撮影はやや緊張気味？　奥さんの話をするときは笑顔が自然とこぼれていた。

三.

愛おしい奥さんのために
日ごと手料理をぎっしりと

タンジンさんのお弁当

ホァン・タンジンさん
30代、ホテルIT部門主任

どことなく幸せオーラをまといながら、笑顔で現れたタンジンさん。奥さんは同グループの企業に勤めるスタッフで、タンジンさんの一目惚れだった。3年間のお付き合いを経て、1年前に結婚した。

奥さんとの出会いはいまの職場だ。タンジンさんは、会社の傘下にある14カ所のホテルのIT管理を、同僚と4人で担当している。そのうちのひとつのホテルのメンテナンスに行ったときに奥さんと出会った。わからないことがあったらいつでも聞いてね、とSNSの連絡先を交換。奥さんの両親に紹介されたときには3年交際したら結婚していいと言われ、それが叶って結婚したのが1年前だ。「新婚なんです」とタンジンさんは微笑む。

タンジンさんは現在30歳。このすてきな出会いの現職場に至るまで、実にいろいろな職を体験してきた。大学は夜間部で企業管理を学びつつ、昼間は大学の事務室で働き、そこでパソコンのプログラミングを一から学んだ。卒業してからは11カ

OPENちゃん（セブンイレブンの台湾でのマスコット）のお弁当袋は奥さんの愛用品。この中にタンジンさんと奥さん、２人分のお弁当を入れて持って来る。会社に着いたらまず冷蔵庫へ入れ、お昼前に電子レンジで温めて食べる。

月の兵役。その後は保険の外交員を半年。外交員に就いたのは、対面術と会話術を鍛えたかったからだ。その次にはパソコンのメンテナンス職に就きながらも、夜はカフェで週4日間のアルバイト。「コーヒーの淹れ方はあまり学べなかったけれど、コーヒー豆にはやたら詳しくなりました」。

その後、友人たちと3人で朝ごはんの店をオープン。1年半が過ぎたころ、朝ごはんの店の収入が一定せず、儲けを3人で分けるとやりくりが大変だったことから、タンジンさんは副業を開始した。師大夜市《シーダーイエシー》（台北師範大学近くの夜市）にある店舗前の一角を間借りした、女性用の衣類と靴下の販売だ。この副業を通して、手に入れたいものに出合ってしまった人は値段に関係なく購入するという顧客心理を学んだという。地元の人たちとの交流も多く、食事どきには近所の鍵屋さんのおばさんたちがよく「こっち来ていっしょに食べなさい」と誘ってくれ、みんなで屋外で食べたりといい思い出がたくさんできた。そして4年半前、

上／会社から見えるのは台北の街の景色。この職場に勤めたからこそ奥さんとの出会いがあった。左上／勤務中のタンジンさん。真剣なまなざしだ。左中央／会社では忙しくてコーヒーを飲む時間もないほど。水筒類がデスク周りにたくさんあったのは、洗うヒマがないからかも。左下／パソコンの後ろは、通勤に使っているバイクのヘルメットの定位置。奥さんがバイクの後ろに乗って、２人仲よく通勤している。

いまの職場が設立される際に、以前働いていたパソコン会社の上司の紹介で入社することになった。「当時は毎日残業で忙しかったよ」と振り返る。

奥さんに対して愛情いっぱいのタンジンさんは、お弁当作りも担う。奥さん方は大家族でよく集まって食事をするが、そのとき奥さんのお母さんから、娘はずっと家庭料理を食べてきたので外の食事が苦手だから、できるだけうちで食べさせてあげてねとお願いされ、それ以来、三食ともタンジンさんが作ることにしたそうだ。もともと食べることが好きで作るのも好き、だから飲食店でも働いたし、自分で店も持った。そう考えるとお弁当作りは自然な成り行きともいえるのかもしれない。

お弁当作りにおいて健康と節約は大切だ。けれどもなにより奥さんがお弁当を開けたときの喜ぶ顔が見たくて（近くにいないときは想像して）、それがお弁当作りの喜びでありモチベーションとなっている。「僕のお弁当は妻への愛情表現。これってお金で買えないものでしょ」。

三.

奥さんのためのお弁当、おしながき

①煎柳葉魚
（ししゃも焼き揚げ）

②空心菜炒牛肉
（空心菜と牛肉炒め）

③鐵板豆腐
（豆腐のステーキ）

④茶葉蛋
（茶葉煮込み玉子）

タンジンさんのお弁当、おしながき

⑤ 蕃茄炒蛋
（トマトの玉子炒め）

⑥ 魚香茄子
（なすとひき肉炒め）

⑦ 三杯雞肉（ごま油、米酒、しょうゆで炒めた鶏肉）

⑧ 絲瓜炒蛤蜊
（へちまとはまぐり炒め）

① 煎柳葉魚《ジエンリォウイエユィ》
（ししゃも焼き揚げ）

薄力粉を使ってもいいが、中筋麵粉（中力粉）を使うことでもっちりと仕上がるという。

カレー粉の味と香りがかなり効いていてスパイシー。

仕上げの塩こしょうはほんの気持ち振りかけるほどで十分においしい。

材料（夜ごはん2〜3人分＋お弁当1人分）
ししゃも … 8本
中筋麵粉 p.139【 薄力粉でも可 】… 50g
カレー粉 … 50g
サラダ油 … 150mℓ
塩、こしょう … 少々

作り方
1　ししゃもを水で洗い、濡れた状態で塩こしょうを全体に軽く揉み込む。
2　中筋麵粉とカレー粉を混ぜたものを、**1**の濡れた状態のししゃもにまぶす。
3　フライパンにサラダ油を入れて熱する。落とした中筋麵粉がすぐに浮かんでくるくらいに油が熱くなったら、ししゃもを入れる。中火〜強火で焼くときよりも少し多めの油で、焼きながら揚げるイメージで。
4　裏表しっかりと焼き揚げ、黄金色になったら完成。

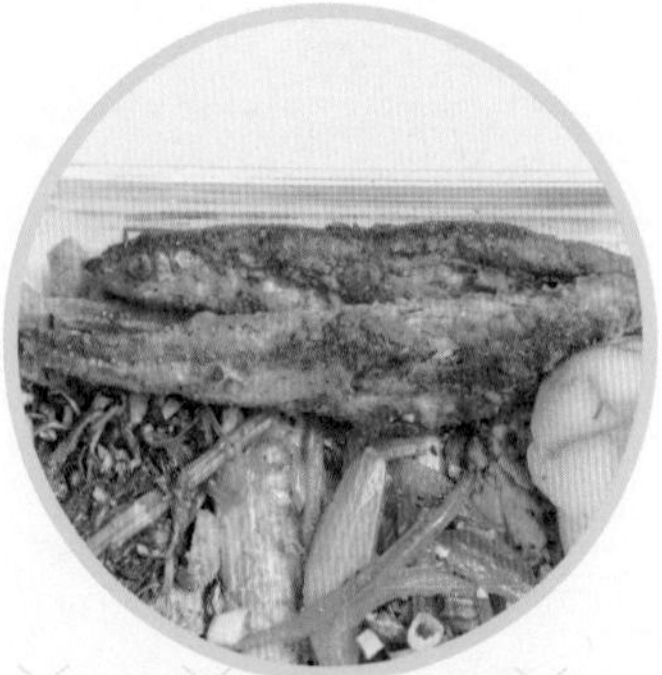

現地からのこぼれ話

● お好みで仕上げにさらに塩こしょうをふってもよい。

② 空心菜炒牛肉《コンシンツァイチャオニォウロウ》
（空心菜と牛肉炒め）

葉野菜をうまく炒めるにはなんといっても
強火ですばやく！　というのがコツ、とタンジンさん。
肉を先にしっかりと炒めたら、空心菜は豪快に
短時間で炒めよう。空心菜の代わりに、
ほうれんそうなどの葉野菜でもおいしく仕上がる。

材料（夜ごはん2人分＋お弁当1人分）
牛肉（こま切れ）… 150〜200g
空心菜（ほうれんそうなどでも可）… 1束（120g）
にんにく … 1かけ
サラダ油 … 大さじ2
A
　しょうゆ … 小さじ5
　米酒 p135【料理酒】… 大さじ1
　五香粉 p.138 … 小さじ1/2
　砂糖 … 小さじ1
　卵黄 … 1個分

作り方
1 牛肉にAを加えてよく揉み込み10分間置く。その間ににんにくをみじん切りに、空心菜をざく切りにする。
2 熱したフライパンにサラダ油とにんにくを入れて炒め、香りを立たせる。
3 下味を付けておいた牛肉を炒める。
4 空心菜を加えて、強火でサッと炒めたら完成。

memo
● 牛肉に下味を付けるときはポリ袋に入れて行うと便利。

現地からのこぼれ話
● タンジンさんは牛肉の細切りを使用していたが用意するのは手間がかかるので、火の通りやすい形状であれば好みの肉を使ってよい。

〈 空心菜のこと 〉
● 空心菜はヤギ肉とも相性がいい。ヤギ肉はクセがあるのでお弁当には不向きだが抜群のおいしさだそう。その場合はにんにくをたっぷり入れて、沙茶醤《シャーチャージャン》（p.135）で味付けるともっといい。
● 空心菜は豆腐乳《ドウフールー》（豆腐を塩水に浸けて発酵させた食品）で炒めるのもおいしい。
● 台湾北東部の都市、宜蘭《イーラン》の温泉地で育てられた空心菜は茎が太くてシャキシャキしていて美味と評判。

③ 鐵板豆腐《ティエバンドウフー》
（豆腐のステーキ）

豆腐をステーキに見立てた満足感も健康意識も高いメニュー。
香ばしく焼いた豆腐にまとわりついた
甘酸っぱいとろみが食欲をかき立てる。
できたてもおいしいけれど、
1日置いた朝の豆腐はギュッと締まっていてそれもいい。

材料（夜ごはん2人分＋お弁当1人分）

雞蛋豆腐《ジーダンドウフー》＊（木綿豆腐でも可）… 1丁
玉ねぎ … 1/2個
赤パプリカ・黄パプリカ … 各1/2個
水溶きかたくり粉 … かたくり粉5g＋水50ml
サラダ油 … 大さじ2
黒こしょう … 少々

A
- しょうゆ … 大さじ1
- 米酒 p.135【料理酒】… 大さじ2
- 酢 … 小さじ2
- みりん … 小さじ2

作り方

1. パプリカを細切りに、玉ねぎを薄切りにする。
2. 雞蛋豆腐を1cm幅に切る。
3. 熱したフライパンにサラダ油を入れ、中火で両面が黄金色になるまで返しながら雞蛋豆腐を焼く。
4. パプリカと玉ねぎも加えて炒める。火が通ったら黒こしょうをふる。
5. Aを全体にまんべんなく加える。
6. できあがる直前に水溶きかたくり粉を入れて、とろみをつけたら完成。

memo

- 木綿豆腐を使う場合はしっかりと水切りすることが肝心。水切りが足りないと調理途中で崩れてしまう。

現地からのこぼれ話

- タンジンさんのこだわりは「雞《ジー》蛋豆腐《ダンドウフー》」＊、いわゆる玉子豆腐を使うこと。台湾の玉子豆腐は包丁で切っても崩れないほどしっかりしていて調理にも向いている。だが日本の玉子豆腐はやわらかくこの調理法は向かないので、木綿豆腐で代用するのがおすすめ。

④茶葉蛋《チャーイェダン》
（茶葉煮込み玉子）

台湾のコンビニに入ったときに漂う香りの
正体がこれ。よ～く煮込んだ卵は飴色、
茶葉と八角の香りがふわりと漂い、
イカヅチのように走る殻の跡は精巧な模様のようで
思わず見入ってしまう。
おかずに、おやつに、おつまみに。

材料（作りやすい分量）

卵 … 5～10個（お好みで）

A
- 水 … 約400mℓ（卵が浸るくらいが目安）
- コーラ … 300mℓ
- しょうゆ … 70～100mℓ
- 八角 p.138 … 2個
- ローリエ … 1～2枚
- 紅茶のティーバッグ … 3個
- 氷砂糖 … 10～15粒

作り方

1. すべての卵をゆで卵にする。カーブがゆるやかな方の生卵の先端に、画鋲などのピンで空気穴を開けてからゆでること。ゆでたあと5分間置いて冷ます。
2. ゆで卵の殻を、スプーンの背で叩いてひび割れを作る。このとき**1**と反対側の先端に空気穴を開けると、あとでさらに味が染み込みやすくなる。
3. 鍋に**2**のゆで卵と**A**をすべて入れ、約2時間煮る。煮立つまで中火、煮立ってからは弱火で。
4. 火を止めたあと、鍋の中で1時間置いたら完成。

memo

- 小さめの鍋で4～5個くらいから挑戦するのが扱いやすくて失敗が少ない。鍋が小さくて調味料が入り切らない場合は、水とコーラの量で調節を。
- ゆで卵にひび割れを入れるのは、そこから味を染み込ませるため。ひび割れが少な過ぎると味が染み込みにくい。丁寧に卵全体にコツコツとひびを入れよう。この作業が意外と夢中になる。
- 煮込んでいる間はたまに攪拌して卵の向きを変えると、ムラなく仕上がる。

現地からのこぼれ話

- いちばん手っ取り早いのは「茶葉蛋滷包」という茶葉蛋専用のスパイスパックを使うこと。台湾のコンビニやスーパーなどあらゆるところで売っている。今回タンジンさんは日本でも作りやすいようにと、茶葉蛋滷包を使わないレシピを教えてくれた。味が薄いと感じるときは、しょうゆを多めに入れて調整。
- 台湾の風光明媚な日月潭《リーユェタン》には、茶葉蛋がおいしいと有名な「阿《アー》婆茶葉蛋《ポーチャーイェダン》」という店がある。日月潭で遊覧船に乗り玄光寺で下船、船着き場近く。台湾では暮らしの場から観光地までさまざまなところで茶葉蛋に出合う。

⑤ 蕃茄炒蛋《ファンチエチャオダン》
（トマトの玉子炒め）

家庭料理の大看板。甘い派、塩味派に分かれるが、
家庭によって味付けや入れるものが違いその様相は千差万別、
個性爆発、店や屋台ごとにも違いがあって奥が深い。
タンジンさんはケチャップと砂糖でやや甘めに作る。

材料（2人分）
トマト … 1個
卵 … 2個
水 … 小さじ1
青ねぎ … 1本
サラダ油 … 大さじ1
ケチャップ … 大さじ1
砂糖 … 小さじ1
水溶きかたくり粉
　… かたくり粉 小さじ1/2 ＋水 大さじ2

作り方

1　トマトを一口大に、青ねぎを小口切りにする。卵を溶く。

2　溶いた卵に青ねぎと水を入れ、強めによく混ぜる。

3　熱したフライパンにサラダ油を入れて弱火にし、トマトを炒める。トマトに火が通ってきたらケチャップ、砂糖を入れる。全体に絡められたら水溶きかたくり粉を加えてとろみをつける。ここで一度トマトは取り出す。

4　トマトを取り出したフライパンに**2**の卵を入れて軽く炒め、さらにトマトを加えていっしょに炒めたら完成。

memo

- 卵は火を通しすぎず、やや半熟くらいの仕上がりがトロッとしておいしい。
- 卵を溶くときは空気をたくさん入れるようなイメージで。そうするとフワッと仕上がる。

⑥ 魚香茄子《ユィシァンチエズ》
（なすとひき肉炒め）

本来は四川料理で赤くて辛くて甘酸っぱい味わいが特徴的だが、タンジンさん流の魚香茄子は酸味控えめ、オイスターソースのうまみが奥底に広がる。辛めが好きならとうがらしは多めに。なすの色をきれいに保つひと手間がキモ。

材料（夜ごはん2人分＋お弁当1人分）

なす … 1本（150g）
豚ひき肉 … 150g
青ねぎ … 1本
にんにく … 1〜3かけ
とうがらし … お好みの量
バジル… お好みの量
蠔油 p.134【オイスターソース】… 大さじ2
サラダ油 … 大さじ1
水 … 80mℓ

A〈下味用調味料〉
しょうゆ … 小さじ2
米酒 p.135【料理酒】… 小さじ2
五香粉 p.138 … 少々

B〈なすを浸ける用〉
酢 … 小さじ1
水 … 1ℓ

作り方

1 豚ひき肉に下味用調味料（A）を加えてよく揉み込み置いておく。ポリ袋を使うと便利。
2 青ねぎを小口切りに、にんにくをみじん切りに、とうがらしを輪切りに、なすを一口大に切る。なすの色を保つため、切ったなすは酢を入れた水（B）に3〜4分浸ける。
3 熱したフライパンにサラダ油とにんにくを入れて炒め、香りを立たせたら**1**の豚ひき肉ととうがらしを入れて強火で炒める。
4 豚ひき肉に八分ほど火が通ったら中火にし、Bから取り出したなすと蠔油を加えて炒める。
5 水を加えて蓋をし、弱火にして2分ほど蒸らす。
6 青ねぎとバジルを入れて全体に絡めたら完成。

memo

● なすと豚ひき肉は1：1の割合が基本。なすが小さければ何本か用意を。

⑦ 三杯雞肉《サンベイジーロウ》
（ごま油、米酒、しょうゆで炒めた鶏肉）

「三杯」とは、ごま油、米酒、しょうゆが均等に入っていること。
「三杯」の鶏肉で「三杯鶏肉」となる。
でき上がった鶏肉のダークブラウンの色合いと同じように、
その味わいも深みがある。
ごま油、米酒、しょうゆ三位一体の輝き。

材料（夜ごはん２人分＋お弁当１人分）

鶏肉（唐揚げ用もも肉）… 200g
しょうが … スライス７～８枚（２～３㎜幅）
ごま油 … 大さじ１
とうがらし … お好みの量
水 … 240㎖

A
米酒 p.135【料理酒】… 大さじ２＋小さじ２
しょうゆ … 大さじ１
砂糖 … 小さじ１よりやや少なめ

作り方

1 とうがらしを輪切りにする。
2 鶏肉はにおいを消すため、しょうが２枚を入れてさっとゆがく。
3 熱したフライパンにごま油を入れ、残りのしょうがを炒めて香りを立たせる。
4 鶏肉を入れ強火で軽く炒めたらAを加えて、全体に絡める。
5 弱火にし、水を加えて続けて炒める。水分がほぼ飛んだら完成。

memo

● 最後に水を加えたあと、水分が飛ぶまで炒める工程は焦げやすいので気をつけて。ほんの少し水分が残るくらいがしっとりと仕上がる。

現地からのこぼれ話

● タンジンさんは骨付きのぶつ切り鶏肉を使用。骨付きの方が味わい深いが、食べやすさを考えると骨無しの方が便利。
● 熱炒店《ルーチャオディエン》（台湾の居酒屋的な店）に行けば必ずあるといってよいメニュー。三杯杏鮑菇《サンベイシンバオグー》（エリンギ）、三《サン》杯《ベイ》中《ジョン》巻《ジュエン》（イカ）などいろいろな三杯がある。

⑧ 絲瓜炒蛤蜊《スーグァチャオガーリー》
（へちまとはまぐり炒め）

味付けは塩のみというシンプルさながら、
はまぐりからしみ出したエキスがへちまの
やわらかな実に染み込んで品のあるおいしさに。
水を多めにしてスープ仕立てにするのもおすすめ。
クコの実を加えるとさらに彩りが美しくなる。

材料（夜ごはん2人分+お弁当1人分）
へちま（冬瓜やズッキーニでも可）… 1本（90g）
はまぐり（小さめのもの）… 100g
しょうが … 10g
塩 … 3つまみ
サラダ油 … 大さじ1
水 … 80mℓ

作り方

1. はまぐりをたっぷりの水に入れて1時間置き、砂抜きをする。
2. へちまを半月切りに、しょうがを千切りにする。
3. 熱したフライパンにサラダ油を入れ、へちまを炒める。色が変わってきたら水を加え、蓋をして1分待つ。
4. はまぐり、しょうが、塩を加えて炒める。はまぐりが全部開いたら完成。

memo

- はまぐりは加熱済みのものがスーパーなどで手に入るので、あればその方が便利。加熱済みを使う際は**1**の工程は不要。

現地からのこぼれ話

- へちまは台湾では一般的によく使う野菜。日本では手に入れにくいので、冬瓜やズッキーニなどで代用しても。冬瓜ならスープ仕立てにしてもおいしいかも、とタンジンさん。台湾ではウリの種類が多く、ズッキーニはそれほど使わないが、日本で入手しやすく調理が簡単なのがメリット。
- 台湾のはまぐりは小さめサイズがよく料理で使われる。この料理もしかり。

元は地中海料理レストランのシェフをしていて、いまは映像会社に勤めるファンさん。料理が大好きでオフのときは家で1日中料理を作っているという。ファンさんのお弁当がおいしそうなあまり、たまに同僚たちに食べられてしまうことも。

四・

料理大好きっ子が作る
おばあちゃん仕込みの客家《ハッカ》の味

ファンさんのお弁当

ファン・ヂェンニンさん
20代、映像会社勤務、助監督

ほんの1年前までは地中海料理レストランのシェフをしていた。椅子造り職人の叔父に憧れて大学では工業デザインを学び、卒業後、兵役を待っている間にあまりに退屈で、近所にできたばかりの地中海料理レストランにアルバイトに入った。それが、ファン・ヂェンニンさんが本格的に料理の道に入ったきっかけだった。そのあとすぐ兵役へ。任地は住んでいた台北市内からそう遠くない宜蘭《イーラン》だったので、週末ごとに帰ってきてレストランを手伝った。4カ月の兵役が終わり、正式に入社。そして2年が経ったころ、将来を見据えて海外へ出て料理を学ぼうと考えるようになった。

そんな矢先に母方の祖母が病で亡くなった。飲食業の時間の制約や家族とのつながりなどいろいろ悩んだ末に、いったんレストラン業から離れようと決めた。そこから1カ月半ほど休んだある日、高校時代の友人が興した会社に誘われる。ちょっと遊びの気分で手伝ってみない？　そう言われて手伝うようになってからあっという間に1年が過

上／ファンさんの作業室。お弁当も基本的には自分の机で食べる。左上／お母さんが買ってくれたお弁当袋を愛用中。左下／オフィスは入ってすぐ左がキッチン。狭いながらも調理器具や調味料は何でも揃っている。ときに社内プチパーティーもあり、ファンさんの料理の腕の見せどころだ。

ぎ、いまもその会社で仕事を続けている。業務は広告やミュージックビデオの制作。事務所はみんな20代で、営業から撮影場所や人探し、脚本を書いて撮って編集して……と共にがんばっている。広くない事務所のスペースに9人のスタッフが集い、夜遅くまで、ときには週末も働く。

ファンさんは料理をするのが好きだ。思い返せば小さなころからキッチンに立っていた。ファンさんのお母さんは音楽教室を営んでいて、ファンさんも幼いころからチェロを学んだ。教室には下校後の子どもたちがピアノや弦楽器を習いに来た。だから毎日下校時間にあたる16時以降は、ファンさんのお母さんがもっとも忙しい時間帯。それまでに2、3品の簡単な夕食を用意してくれていて、ファンさんとお姉さんは学校から帰ると、その夕食を温めたりするためにキッチンに入るようになっていった。休みのときは、よくお父さんの実家がある台湾北西部の都市、苗栗《ミャオリー》へ行った。

上／食後にみんなで会話が弾むことも。左上／猫連れ出勤のスタッフもいて、自由な空気感。この子の名前はミーミー（米米）。ゆるゆるとオフィスを散歩していた。左下／オフィスの一角に緑の一群。目を酷使する映像編集の仕事への、癒やし的存在。

そこは客家《ハッカ》（客家語や独自の生活習慣などを共有する集団）が多い地であり、大好きなおばあちゃんの手料理が待っている場所でもあった。

おばあちゃんは菜脯《ツァイプー》（干しだいこん）から梅干《メイガン》菜《ツァイ》、酸菜《スァンツァイ》（梅干菜も酸菜も漬けものの一種）と客家料理の保存食品をてきぱきと仕込んでいく。親族みんなの好みを熟知していて、テーブルに並べられた料理を見ると、今日誰が来るかわかったそうだ。ファンさんがおばあちゃんの料理で好きなものは、客家風味のちょっと味付けの濃い熿肉《コンロウ》（豚肉煮込み）、モツ煮込み、湯圓《タンユエン》（もち米の粉などで作った団子のスープ）、作った年代ごとに何種類も保存しているおばあちゃん特製菜脯（何年も経ったビンテージ級の菜脯は、色が深みを帯びて高級食材の類に属するという）入りのチキンスープ、骨付き豚肉の酸菜スープなど数えきれない。大学時代の4年間はおばあちゃんといっしょに暮らした。ファンさんの料理好きに大きな影響

ファンさんの同僚たち。左からシャオワンさん、イーガイさん、ファンさん、ヤーチュンさん、モンモンさん、そして猫のミーミー。みんな同世代。まぶしい笑顔がとってもチャーミングで和やかだが、仕事はきっちりバリバリこなす。

を与えたのは、苗栗のおばあちゃんと地中海レストランでの勤務だった。

いま、週に2、3回はお弁当を持参するファンさん。そのお弁当はもちろん自分で作っている。ただお弁当のためにわざわざ料理をするのではなく、夜ごはんを多めに作って、それを詰めるスタイルだ。お弁当を持って行くのは「1に節約、2は忙しすぎて外で買う時間がないときに便利だから、3は栄養面も考えながら好きなものを入れられる、4は衛生的で安全だから」。外食では過度の化学調味料と油も気になるそうだ。

週末には朝から市場に行って、1日かけて牛肉を煮込んだり、香料をたくさん使った料理やごはんが進む創作客家料理など、新しい料理への挑戦にも余念がない。「とにかく作るのは大好きだから、週末にはいろいろ試して両親にも食べてもらいます。家族の驚く声を聞くのもまんざらではないし、達成感がたまらないんです」。

四・

ファンさんのお弁当、おしながき

① 菜脯蛋　ファンさん流
（干しだいこん入り焼き玉子）

② 梅干菜肉丸
（梅干菜入り肉団子）

③ 紫蘇炒豬肉
（しそと豚肉の炒めもの）

④ 涼拌小黄瓜
（きゅうりの漬けもの）

⑤ 煎花生（煎りピーナッツ）

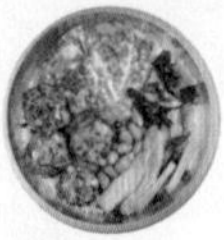

① 菜脯蛋《ツァイプーダン》 ファンさん流
（干しだいこん入り玉子焼き）

台湾のポピュラーな卵料理のひとつだが、
ファンさんが作るのはおばあちゃん特製の菜脯を使った
スペシャルな一品。香り高く滋味深い。
菜脯は保存食で日保ちがするので、
台湾旅行をした際に買って帰ってきてもいいかも。

材料（1～2人分）
卵 … 2個
菜脯 p.138【たくあん、切り干しだいこん等】
（p.31「これで代用！」参照）… 約20g
青ねぎ … 少々
サラダ油 … 大さじ2
A
しょうゆ … 小さじ1～2
米酒 p.135【料理酒】… 小さじ1～2

作り方
1 青ねぎを小口切りにし、卵を溶く。菜脯は洗って5㎜角ほどに切る（切れているものを買った場合は洗ってからそのまま使う）。
2 溶いた卵に菜脯、青ねぎ、Aを入れて混ぜる。
3 熱したフライパンにサラダ油を入れて、**2**を流し入れる。あまり火が強いとすぐに卵が固まってしまうので弱火が作りやすい。
4 両面がよく焼けたら完成。

現地からのこぼれ話
- フライパンの型に合わせて丸く平らに作った玉子焼きを、ピザのようにカットしている。
- ファンさん曰く玉子焼きには新しい菜脯を使う。年季の入った老菜脯はスープに適している。

②梅干菜肉丸《メイガンツァイロウワン》
（梅干菜入り肉団子）

漬けものとにんにくのうま味を閉じ込めた
小さな肉団子は、噛めば噛むほどおいしさがあふれ出す。
パンチのある味わいは白いごはんにも酒の肴としても優秀。
小さくまとめることで火を通す時間が短くて済む。

材料（夜ごはん2～3人分＋お弁当1人分）

梅干菜 p.139【 高菜の漬けもの 】… 約 35g
豚ひき肉 … 250g
にんにく … 5かけ
しょうゆ … 大さじ1
塩 … ひとつまみ
サラダ油 … 大さじ1

【これで代用！】

梅干菜《メイガンツァイ》：高菜の漬けもので代用。刻んだ状態のものも売られているので、それを使うと便利。

作り方

1. 梅干菜を細かく刻み、にんにくをみじん切りにする。
2. 熱したフライパンにサラダ油を入れて、にんにくを炒めて香りを立たせる。
3. 梅干菜を加えて中火で軽く炒めたら、しょうゆ、塩を加えて全体になじませる。
4. 火を止めたらフライパンに豚ひき肉を入れ、炒めていた梅干菜とにんにくとよく混ぜる。肉がある程度まとまってきたら、何回かフライパンに打ち付けるようにすると肉に粘り気が出て団子状にしやすくなる。
5. **4**を直径3～4㎝の団子状にする。
6. 耐熱皿に団子を並べて軽くラップをかけ、電子レンジ（500W）で3分40秒～4分ほど加熱する。大きめの肉団子を割ってみて中まで火が通っていたら完成。

現地からのこぼれ話

- 豚ひき肉は脂身が多い方が団子状にしやすく、ジューシーに仕上がる。
- 梅干菜はよく洗ってから使う。
- ファンさんは大同電鍋で肉を蒸していた。

③紫蘇炒豬肉《ズースーチャオジューロウ》（しそと豚肉の炒めもの）

こちらもファンさんのおばあちゃんの得意料理のひとつ。
一口食べると、しその爽やかな香りが広がって、
そのあとに豚肉のこってり感がじわじわとしみ出す。
濃いめの味付けは白ごはんのお供に好適。冷めてもおいしい。

材料（夜ごはん2人分+お弁当1人分）

豚肉（豚こま切れ肉）… 250g
しそ … 20枚前後
青ねぎ … 2本
サラダ油 … 大さじ2
米酒 p.135【料理酒】… 大さじ1
しょうゆ … 大さじ2
A
　にんにく … 1～2かけ
　しょうが … 10g
　とうがらし … 少々

作り方

1. にんにくとしょうがをみじん切りに、とうがらしを輪切りにする（A）。青ねぎは5cm幅に切る。
2. 熱したフライパンにサラダ油を入れ、Aを炒めて香りを立たせてから中火で豚肉を炒める。
3. 米酒としょうゆを加えて豚肉に火がきっちり通ったら、しそを加えて軽く混ぜ、蓋をして1～2分蒸らす。
4. 青ねぎを加えて炒めたら完成。

現地からのこぼれ話

- ファンさんは豚の細切り肉を使用。台湾では豚の細切り肉が手軽に手に入るが日本で用意するのは手間なので、火の通りやすい形状であれば好みの肉を使えばよい。
- しそは切らずにそのまま使う。多めがよければさらにたくさん加えても。

④ 涼拌小黄瓜《リャンバンシャオホァングァ》（きゅうりの漬けもの）

にんにく、しょうが、とうがらし、こしょうがガッツリ効いた辛くてスパイシーな浅漬け。かなりのパンチ力なのでにんにくは少なめから始めるのが安心。
ファンさんはタッパーで冷蔵保存して2～3日かけて食べる。

材料（夜ごはん2人分＋お弁当1人分）

きゅうり … 2本
塩 … 小さじ2
A
- 新しょうが … 10g
- とうがらし … 1本
- にんにく … 1～3かけ
- 白こしょう … 少々
- 香油 p.136【ごま油】… 小さじ1
- 砂糖 … 小さじ1
- レモン汁（お好みで）… 少々

【これで代用!】
香油《シァンヨウ》：普通のごま油でも十分香ばしく仕上がる。こだわる場合は白ごま油を探すべし。

作り方

1 きゅうりを拍子木切りにし、塩をしっかりと揉み込んで20分置く。新しょうがは千切りに、とうがらしとにんにくはみじん切りにしておく。
2 きゅうりを一度水洗いしてから手で軽く水を絞り出し、Aを加えてしっかりと混ぜ合わせてから冷蔵庫で置く。3時間以上経てば完成。

現地からのこぼれ話

● ファンさんはにんにく好きなので5かけ入れる。こしょうも多めでかなり刺激的な仕上がり。

⑤煎花生《ジエンホァセン》
（煎りピーナッツ）

これはファンさんが自分で作っているのではなく、
おばあちゃんが作ってくれたものを大事に持ち帰って食べている。
「この味はおばあちゃんにしか出せない。
お母さんは５回目にしてやっとおばあちゃんの
味に近づけた」とのこと。
作り方はおばあちゃんが教えてくれた。

材料（作りやすい分量）
生のピーナッツ … 1.8kg
塩 … 500g

作り方

1 ピーナッツは薄皮の付いた状態で洗って、布巾などで水気をきれいに取っておく。

2 大きな中華鍋に塩を入れてから火を付け、煎り始める。

3 塩の中にピーナッツを入れて、強火で返しながら煎る。

4 ピーナッツにポポッという音がし始めたら中火にして、続けて返しながら12〜15分煎る。火が通ったかどうかの見極め方は、ピーナッツの中間が黄色になっているかどうか。白いとまだ中まで火が通っていない。

5 **4**を網に移し、塩を振るい落とす。

6 ピーナッツをステンレスなどの大きな盆に広げ、扇風機で冷ます。

7 冷ましたら瓶詰などにして、少しずつ食べる。湿気が入らないように気をつけて保存を。お茶を飲むときやお酒のおつまみにもなる。

現地からのこぼれ話

●ファンさんは、瓶詰めにしたピーナッツは大体３週間以内に食べ切る。１カ月置いていたら湿気てしまうとのこと。保管は入れる瓶の蓋をしっかり閉めて常温で。カビないためにも水分は厳禁。

基本は前日の夜ごはんのおかずをお弁当に。当日の朝お弁当作りをするということは少ないようだ。夜ごはんを作ったとき、あるいは食べている途中でお弁当箱に詰め、冷蔵庫に入れて保管。出かけるときにお弁当袋に入れて、職場に着いたら冷蔵庫へ。

作り終わったおかずを食べる前にお弁当箱に詰め込む。

お弁当は基本的に食べる前に温める。学校で「蒸飯箱《ジェンファンシァン》」があれば、お昼の1時間前くらいに入れておく。大同電鍋を使って蒸すこともあるがいまは電子レンジがお弁当の温め方の主流になってきた。

蒸飯箱。巨大な蒸し器で、一気にたくさんのお弁当を温める。

調理にも、お弁当の温めにも大活躍の大同電鍋！便利。

職場に電子レンジがある景色。これでチンしていただきます。

職場ではだいたい各自のデスクで食べて、食べ終わったらお弁当箱を洗って歯磨きなどをすませる。そのあとはデスクのパソコンで映画やドラマ、ニュースを見たり、語学勉強したり、昼寝したりと自由に過ごす。

照明がやや落とされたお昼休憩タイムのオフィス。

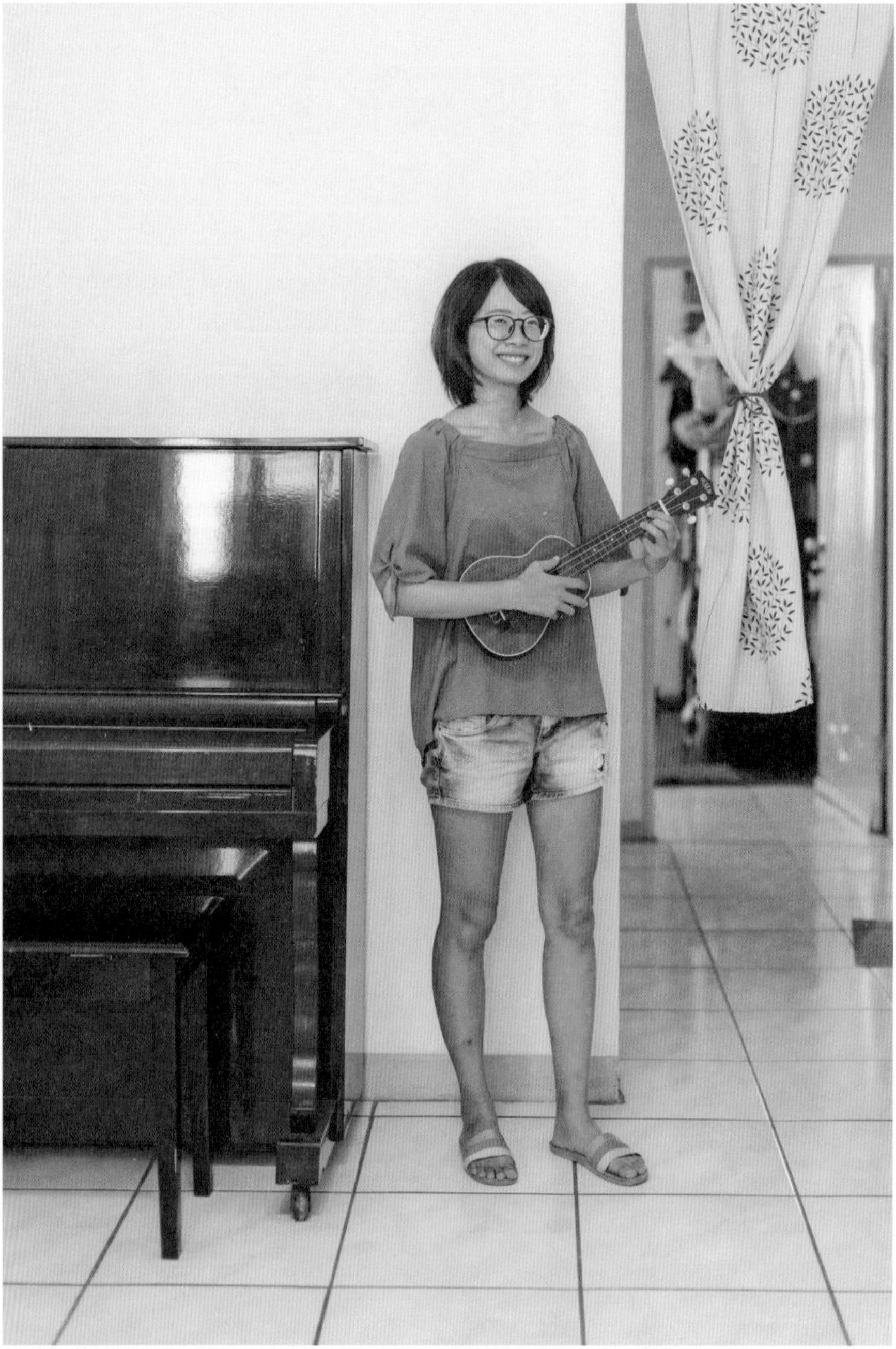

お弁当は自分が食べる量を考えて、無駄のないように材料、調味料を準備する。味や健康面だけでなく、彩りよくきれいに盛り付けるのもアンアンさんのこだわりだ。目下の趣味は週1回習っているウクレレ。今後挑戦したい料理は燻製。

五.

高校時代からのお弁当箱に
旅先のエッセンスを詰め込んで

アンアンさんのお弁当

チェン・アンアンさん
30代、台湾大手旅行会社ウェブサイト部門勤務

台北市の北東に位置する内湖《ネイフー》はIT産業やベンチャーなどが集約しているエリアで、さらに東に行くとサイエンスパークの汐止《シージー》エリアが広がっている。アンアンさんはその内湖エリアにある企業において、観光ウェブサイトのマネージメントと企画を担当している。台南出身。大学は台北で図書館情報学を専攻した。卒業後2年近く故郷へ戻り、大学の図書館員や台湾全土の廟のマーケティングを行う会社に勤めた。仕事上各地の廟を訪ねたなかで、三国志に登場する趙子龍を祀る廟があったのはとくに興味深かったという。

そして台北へ戻ってきて以来、ずっといまの会社で仕事をしている。住んでいるのは職場にも近い西湖《シーフー》駅近く、家賃2万6千元のアパートを3人でルームシェア中だ。マスタールームはバストイレ付きの広めの部屋でここに住む人は家賃を多めに負担し、残りの2部屋は客間横のバストイレを共同で使う。アンアンさんは後者。キッチンと客間はみんなでシェアする。ここに引っ越してきた

おかずをのせたお弁当は、冷ましてから冷蔵庫へ。残ったごはんとおかずはその日に食べる夜ごはんになる。お弁当は会社の蒸し器に11時ごろに入れて、12時過ぎに取りに行くシステム。

のは半年ほど前で、鍋も大同電鍋もそのタイミングで買い替えた。

中学校では給食だったが、高校時代はお母さんがお弁当を作ってくれていた。お母さんは、台湾においてテレビ料理番組のパイオニアである傅培《フーペイ》梅《メイ》さんという料理家の番組や料理本から家庭料理を学んだ世代。この料理家は、台湾で料理自慢のお母さんたち世代の大先生だそうだ。その後大学ではおもに外食で、仕事を始めてから自分でお弁当を作るようになった。いま勤めている会社の近くには食べもの屋さんが少ないというのが、お弁当を持って行く第一の理由だ。それに加えて食べたいものが食べられて節約にもなる、というのもモチベーションになっている。忙しい日はシンプルなメニュー（チャーハンや焼きそばなど）になったとしてもできるだけ毎日作るようにしているが、週1回のウクレレ教室で帰りが遅くなったときは、もう無理はしない。そのときは、会社でみんなが外食を注文するのに合わせていっしょに頼

左上／高校時代から10年以上も大事に使い続けているお弁当箱。右上／でき上がった料理はいったん器に盛りつける。
左下／肉を焼くときにはトングが活躍。右下／スペイン旅行で買ってきたスパイスがお気に入り。

む。あるいは会社の食堂で60～70元くらいのお弁当を買う。それは「ちょっとしょうがなく、という感じです」。

　自分のお弁当は自分の作品みたいなものだと言う。唯一無二で、それが自慢だ。昼休み、照明を落としたオフィスにて、デスク上のパソコンで今日のニュースを見ながら自作のお弁当を食べるのは至福のときだ。愛用のステンレス製のお弁当箱は、お母さんが高校時代に買ってくれたもの。使いやすくて、大きさもちょうどいい。学校ではみんな同じようなお弁当箱だったので名札シールを付けていたが、それがいまも剥がれていない。蓋のカーブのところは年月を感じるコーヒー色になっている。使い始めて10年以上経ったお弁当箱の様子から、アンアンさんがどれだけ大切にしてきたかが伝わってくる。

　好きなメニューはシーフードだけれどもお弁当に入れるとちょっとにおいが気になるので、野菜が中心の献立にしていることはな

ルームシェアの同居人と共有のキッチンは、広々として明るくて、心地よい場所だ。アンアンさんはここでいつもお弁当を作りにいそしむ。まな板やザル、ボウルなど、キッチンツールはパステルカラーが多め。ごはんは大同電鍋で炊く。

いものの、旅行が好きで、旅先では必ずその土地の調味料や香辛料を買ってくる。いま凝っているのは昨年の夏に行ったスペインの味。肉に買ってきたスパイスをまぶして焼いてみたりする。ただ、牛肉はあまり食べない。実家の家族全員がそうで、牛は家族の一員という農耕社会の考えから、台湾の家庭ではよくあることだ。

　台北での仕事が忙しくて、台南にはあまり帰れていない。そのためか、ここ数年の台南の変化にはちょっとついていけないと感じる。それでも食べ親しんできた肉圓《バーワン》や虱目魚《サバヒー》粥の店はまだまだ健在で、ホッとする。アンアンさんがとくに好きなのは、とろみのあるスープ「羹《ガン》」（焿とも書く）の類だが、台南の方がもったりしていて、台北のものはどうも水っぽいと感じるらしい。「それに台南の方が甘さも強いかな」。料理上手な母の味と故郷の味が恋しくなることもある。それでもいまは自分の手作り弁当で、台北の暮らしを満喫している。

五.

アンアンさんのお弁当、おしながき

① 滑蛋蝦仁
（えび入り炒り玉子）

② 培根高麗菜（ベーコン入りキャベツ炒め）

③ 西班牙風味無骨雞胸肉
（スペイン風骨なしチキンの照り焼き）

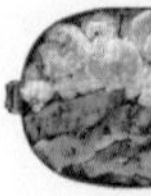

① 滑蛋蝦仁《ホァダンシァレン》
（えび入り炒り玉子）

ふわふわの卵とプリプリのえびの歯応えの
コンビネーションが心地よい。
塩とコンソメだけの薄い味つけが優しい口当たりに
よく合っていて、いくらでも食べられそう。
ほんのり朱色のえびが花のようで見た目もかわいらしい。

材料（夜ごはん１人分＋お弁当１人分）

卵 … ２個
冷凍白えび … ６個
青ねぎ … １本
塩 … ひとつまみ
鮮雞晶 p.136【チキンコンソメでも可】… 小さじ１
サラダ油 … 小さじ１〜２

作り方

1 えびは解凍し、青ねぎは小口切りにしておく。
2 卵を溶いて、えび、青ねぎ、塩を入れてかき混ぜる。
3 熱したフライパンにサラダ油を入れて、**2**を入れて弱火でゆっくり炒める。
4 卵に火が通ってきたら、えびも返しながら焼き、全体に鮮雞晶を加える。
5 えびに火が通ったら完成。

memo

- 卵はふんわり仕上がるよう、やさしく炒める。
- 冷凍えびの種類は白えびが理想だが、ブラックタイガーなどほかの種類でもおいしくできるのでお好みで。

②培根高麗菜《ペイガンガオリーツァイ》（ベーコン入りキャベツ炒め）

ベーコンはキャベツをたっぷり
食べるための心強いアクセント。
ベーコンの分量は好みによって
増やしてもいい。

材料（夜ごはん1人分+お弁当1人分）
キャベツ … 半玉
ベーコン … 約70g
にんにく … 1かけ
塩 … 少々
サラダ油 … 小さじ1～2

作り方

1 キャベツを細切り、ベーコンは1cm幅ほどに、にんにくはみじん切りにする。
2 熱したフライパンにサラダ油を入れて、にんにくとベーコンを炒める。
3 火が通ってきたらキャベツを入れて塩を加えて中火で炒める。キャベツがしなっとなって火が通れば完成。

③西班牙風味《シーバンヤーフォンウェイ》無骨雞胸肉《ウーグージーションロウ》（スペイン風骨なしチキンの照り焼き）

スペイン旅行で買って来た思い出の
スパイスを使った自慢の一品。
食べやすいように切ってから
お弁当箱に詰める。

材料（夜ごはん1人分+お弁当1人分）
鶏むね肉 … 2枚
（大きめなら1枚でも）
チミチュリパウダー … お好みの量
塩 … 少々
サラダ油 … 大さじ1

作り方

1 鶏むね肉の両面にチミチュリパウダーと塩を塗り込み、10分ほど置く。
2 熱したフライパンにサラダ油を入れ、鶏むね肉の皮目から中火で焼き、焼き色がついたらひっくり返してじっくり弱火で両面を焼く。
3 しっかり火が通ったら完成。

現地からのこぼれ話

● チミチュリパウダーはアンアンさんがスペイン旅行で買ってきたスパイス。アルゼンチンでよく使われるパセリやオレガノなど数種類のハーブやスパイスがミックスされたものだ。日本ではチミチュリソースが通販などで手に入る。市販のソースは味が強いので、塩の量は調整を。

「大学に入ってからは週２回だけど、おばあちゃんにお願いして作ってもらっています。今日は取材だから盛り付けもきれいにしてもらっちゃった。煮玉子、おいしそうでしょ」。将来は海外で仕事できたらと、サークルも語学も頑張り中。

六.

おばあちゃんが作ってくれる
幼いころから慣れ親しんだ味

シャオトンさんのお弁当

チェン・シャオトンさん
大学生

シャオトンさんが通う致理科技《ヂーリーカージー》大學は、新北《シンベイ》市板橋《バンチャオ》區に位置する。１９６５年に創立され、当初は商業の専門学校だったが、２０００年に技術学院（大学に相当）に昇格、２０１５年に科技大學に改称された。学生数は１万人余り。台湾も近年少子化で、学生数に満たない大学も増えているなか、ＭＲＴ駅から徒歩６分という好立地もあり、進修（夜間）部も大人気で、授業の始まる早朝から22時近くまでキャンパスには学生たちがにぎやかに集う。彼女はここの応用日本語学科の学生だ。この学科を選んだのは、高校のときに日本の高校との合唱交流があり、まる２日間観光や合唱を通して、語学の壁を克服していったことが鮮烈な印象として残ったからだそう。

５歳のときに新北市から家族とともに台北市に越してきて、65歳になるおばあちゃんを含めて３世代で暮らす。両親は共働きで、長女の彼女は幼いころからほとんどの時間をおばあちゃんと過ごしてきた。食事もずっとおばあちゃんの手料理。

上／緑がまぶしい運動場の左上は、屋外ステージ。右手にある階段はシャオトンさんが好きなレインボー座席だ。右／文系学科の事務室や教室が入る人文大摟。各階の廊下にはテーブルや椅子もあり、学生たちが休憩時間に語り合う。

大学に入って友人たちとの外食はしても、やはりおばあちゃんの味に勝るものはないと思ってしまう。いまではお父さんから「おばあちゃんが疲れちゃうから」と言われることもあるが、それでもこっそりお弁当を頼んでしまうのだとか。

　おばあちゃんの得意料理は「爌肉《コンロウ》」。豚バラブロック肉をしょうゆや氷砂糖で甘塩っぱく煮込んだ料理で、1カ月に1、2回は食卓に上がる、家族みんなの大好物だ。とくにシャオトンさんとお父さんはこれに目がない。夕食は週2〜3回ほどをおばあちゃんが担当していて、翌日はその夕食をお弁当として持っていく。夕飯のおかずができ上がったら、食べる前にまずはお弁当箱にごはんを詰めて、その上におかずを盛り付ける。冷めたら冷蔵庫に入れて保存。そして、次の日10時ごろには大学の踊り場にある蒸し器に入れ、お昼前に取りに行って温かいお弁当を教室で友達と食べる。

　おばあちゃんのお弁当を持っていく理由は、人生いまの時点でこれ以上の味に出会えてないから。

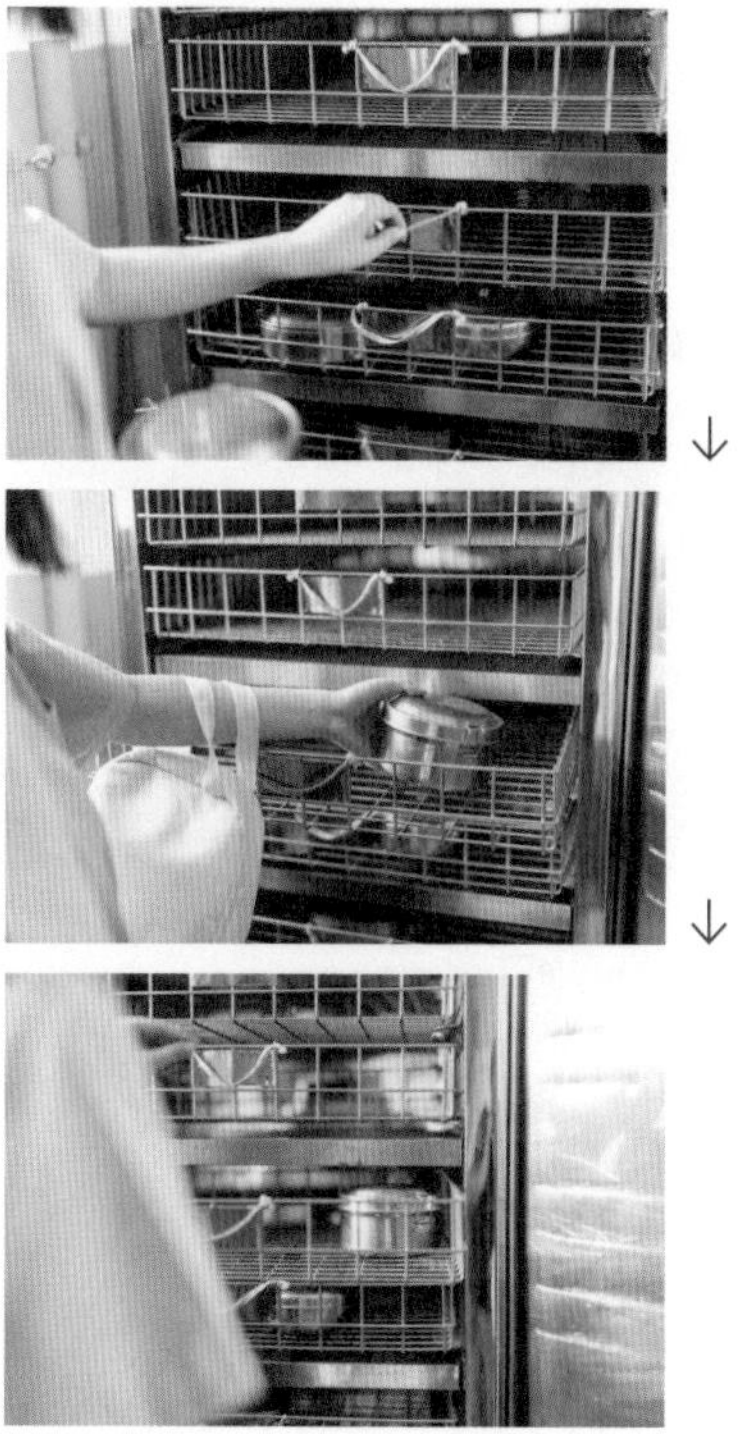

お弁当は、登校したら大学にある共同の蒸し器に入れに行く。10時ごろ蒸し器にお弁当箱を入れたとき、すでに中には数個入っていた。蒸し器の温め時間は9時から11時半。学生も先生もステンレス弁当箱はここに入れて温める。

お弁当を持っていけば友人たちには羨ましがられ、たまに友人たちを家に招待しておばあちゃんの手料理を食べてもらうこともあるそうだ。スマートフォンには、そのときの画像がいっぱい入っている。仕上がりが美しい焼き魚や海鮮とパイナップルの料理、水蓮菜としいたけの一品、色鮮やかなまこもだけ、きゅうり、にんじん、しいたけの炒めもの、食欲をそそるコーンとうりの豚骨麺など、どれも垂涎もの。

聞けば、シャオトンさんのおばあちゃんは調理の腕もさることながら、市場での食材選びも妥協なしの凄腕らしい。安いからといって買ったりはせず、自分が満足いくものをじっくり選ぶ。キッチンはいつもピカピカで、シャオトンさん曰く「おばあちゃんは潔癖症なんです」。まさに料理上手は片付け上手ということ。若いころは台中で、毎日夫の工場の職員さんたちに食事を作っていたこともあり「私が16か17歳のころは毎日昼と夜、1時間半かけて12人分の、5菜1湯（料理5種に

授業が終わって、お弁当を取りに来たシャオトンさん。授業中にお弁当がホカホカになっているなんて合理的！　暑いときは教室の中で、涼しいときは外のベンチで食べることにしている。

上／いつもリュックに水筒を入れて持って来て、大学にある飲水器（給湯器）で水を入れている。下／お弁当袋はちょうどお弁当箱が入るジャストサイズのもの。お弁当はステンレスのスプーン1個で食べる。

スープー種）を作っていたものだよ」というのがおばあちゃんのいつもの口癖だそうだ。

「私はおばあちゃんやお父さんが若かった時代ほど苦労してないから、本当にまだまだ未熟」。おばあちゃん子なシャオトンさんがポツリとつぶやいた。取材の数日後「ただいま、習ってまーす」とシャオトンさんからおばあちゃんに料理を教えてもらっている様子の画像が送られてきた。大好きな味を、作れるようになる日は近いかも。

六・

シャオトンさんのお弁当、おしながき

① 爌肉（豚肉煮込み）

② 滷蛋（台湾風味の煮玉子）

③ 彩色青椒
（パプリカとピーマンの
カラフル炒め）

④ 炒花椰菜
シャオトンさんの
おばあちゃん流
（ブロッコリー炒め）

六.

シャオトンさんのお弁当レシピ

煮込みも炒めも、次の日もきっちりおいしい、シャオトンさんの好物詰め合わせ。

①爌肉《コンロウ》（豚肉煮込み）

爌肉とは豚の塊肉を、しょうゆや砂糖で煮込んだ料理のこと。
焢肉《コンロウ》、炕肉《コンロウ》、知高《ヂーガオ》とも書き、肉の形状や部位は
台湾北部と南部で異なる。シャオトンさんの家族が愛する
おばあちゃんの得意料理で、できたても翌日もおいしい！

材料（夜ごはん2人分＋お弁当1人分）

豚バラブロック肉 … 330g
八角 p.138 … 2個
にんにく … 2かけ
サラダ油 … 大さじ1
水 … 約60mℓ
氷砂糖（小粒のもの）… 4個
塩 … 少々
しょうゆ … 大さじ3
米酒 p.135【料理酒】… 大さじ2

作り方

1 豚バラブロック肉を1cm幅に切る。皮を剥いたにんにくを軽く潰してから半分くらいの大きさに切る。
2 熱したフライパンにサラダ油とにんにくを入れて炒め、香りを立たせる。塩を加えてから肉を炒め始める。
3 肉の色が変わってきたら、しょうゆを加えて返しながら炒める（このとき、しょうゆが鍋底にたまって焦げてしまわないよう弱火にする）。
4 氷砂糖、米酒、八角を加え、引き続き肉を返しながら炒める。
5 肉に味を染み込ませるため、水を加えてからしばらく煮る。
6 シリコンスチーマーにフライパンの中身をすべて入れ、500Wで6分（3分経ったら肉を裏返してさらに3分）加熱する。八角は底の部分に置くと香りがよりよくなる。肉に火が通っていれば完成。

memo

- お弁当にして食べる前も、少し温めるとさらにおいしい。
- 氷砂糖は粒が大きなものだと溶けるのに時間がかかるので、小粒がおすすめ。

現地からのこぼれ話

- シャオトンさんおばあちゃんは5〜6人分をたっぷり作る。肉は大同電鍋を使って蒸す。蒸すための水は250mℓ、30分ほどでスイッチが上がる。その後15〜30分そのまま置いてから食べると、肉がよりやわらかくおいしくなるそうだ。
- シャオトンさんのおばあちゃんは「甘醇醤油」p.134という甘口しょうゆをこだわって使う。
- 肉を煮込んだ汁にゆで卵、揚げ湯葉、生湯葉などを入れて煮込んでもおいしい。

② 滷蛋《ルーダン》
（台湾風味の煮玉子）

「爌肉」の残りの煮汁を活用した煮玉子。甘塩っぱい味わいで、
食堂や台湾鉄道の駅弁でも人気のポピュラーな一品だ。
卵を煮込んだ汁を、さらに野菜や豆腐などを炒めるときの
調味料として加えるのもアリ。

材料（2人分＋お弁当1人分）

卵 … 3個

爌肉を煮たあとの残り汁
… 具材も汁も残ったものはすべて使う

作り方

1 ゆで卵を作り、殻をむく。

2 フライパンに材料をすべて入れて弱火で約5分煮込む。汁が少ないので、スプーンで卵に掛けながら煮るのがベター。汁が跳ねるので注意。

memo

- すぐに食べてもおいしいけれど、器に汁ごと保存して翌日食べるとさらに味が染み込んでいて美味！
- 残りの煮汁は翌日になるとラードが分離している。それらを使って葉野菜や卵を炒めてもよし、白だしや麺つゆを加えて厚揚げを煮込んでもイケた。

現地からのこぼれ話

- 卵はお好きな量でどうぞ、とのこと。

③彩色青椒《ツァイサァーチンジャオ》（パプリカとピーマンのカラフル炒め）

色鮮やかなパプリカはお弁当おかずの花形選手。
見た目の美しさだけでなく、ほのかな甘みがピーマン、
豚肉との相性抜群で冷めてもおいしい。
豚こまを使えば豚肉を細切りにする手間が省けて楽。

材料（2人分+お弁当1人分）

赤パプリカ・黄パプリカ … 各1個
ピーマン … 2個
にんにく … お好みの量
豚肉（豚こま切れ肉）… 100g
塩 … 小さじ1/2強
サラダ油 … 大さじ1
水 … 約80mℓ

作り方

1 赤と黄のパプリカ、ピーマンを細切り（好きな大きさ・形状で可）に、にんにくをみじん切りにする。
2 熱したフライパンにサラダ油とにんにくを入れて炒め、香りを立たせてから、弱火〜中火程度で豚肉を炒める。
3 パプリカとピーマンを加えてさらに炒める。
4 焦げないように水を加え、塩も加える。水気が飛ぶまで炒めたら完成。

現地からのこぼれ話

● シャオトンさんのおばあちゃんは、にんにくはたっぷり5かけを使用。豚肉は市場で買ってきた細切りになっているものを使っていたが、日本では手に入りにくいので、火が通りやすければ好きな形状の豚肉でよい。

④炒花椰菜《チャオホァイエツァイ》（ブロッコリー炒め）

シャオトンさんのおばあちゃん流

これ本当に味つけ塩とにんにくだけですか？　と聞きたくなるほどしみじみおいしい。シャオトンさん家族みんなが大好きな、緑野菜の料理一番手というのも納得。お弁当箱の中で緑色が映えて、栄養的にもビジュアル的にも優秀。

材料（2人分+お弁当1人分）

ブロッコリー … 1株
にんにく … お好みの量
サラダ油 … 大さじ1
塩 … ふたつまみ＋α
水 … 100mℓ

作り方

1 にんにくをみじん切りにする。ブロッコリーは好きな大きさに切って先に湯通しする。
2 熱したフライパンにサラダ油とにんにくを入れ、香りを立たせる。
3 ブロッコリーを加えて中火で炒める。途中で焦げないように水を加え、塩も加える。水気が飛ぶまで炒めたら完成。

memo

- 冷凍ブロッコリーでもおいしくできた。事前に自然解凍しておくと作りやすい。**3**の水を加えたあとにしばらく蓋をして蒸せば、全体にしっかり火が通る。

現地からのこぼれ話

- シャオトンさんのおばあちゃんはブロッコリー中2株に対して、にんにく5かけを投入。ガッツリにんにく味に。

家でも職場でもいつでもお茶といっしょのユィンチンさんは「一杯のお茶が心に安らぎと幸せを運んでくれます」。お母さん特製のお弁当を日々持参。おかずは健康に配慮して全体的に薄味だ。

七.

味は薄くても愛情は濃厚
こだわりお母さんの心づくし

ユィンチンさんのお弁当

チェン・ユィンチンさん
40代、台湾茶ショップ・教室のスタッフ

毎年中秋節が近づくころ、チェン・ユィンチンさんの職場主催で「無我茶會《ウーウォーチャーホェイ》」が行われる。広場に数百人がそれぞれの茶道具を持ち寄って、一斉にお茶を淹れ、月を愛でながら互いのお茶を飲んで楽しく過ごすという催しだ。ユィンチンさんが勤めるのは「陸羽茶藝中心《ルーユィチャーイーヂョンシン》」という台湾茶のショップ兼教室で、泡茶師《パオチャーシー》という台湾茶道の資格試験を行っている機関でもある。

ユィンチンさんの毎日の仕事は、茶葉や茶器を買いに訪れるお客さんへの対応や、毎晩18時過ぎから行われる茶芸講座の準備やアシストなど。会計をして、茶道具の手入れをして……話をしながらも手はずっと動いている。お茶が好きという共通点を持つ同僚たちの勤続年数は一様に長く、それもあってかここには家庭的なムードが漂う。居心地がよく、何十年も通い続ける常連さんが多いというのも頷ける。

もともと高校を卒業してから書店で8年勤務し、ちょうど転職を考えていたころに新聞でいまの職

上／ユィンチンさんが勤める台湾茶ショップ・教室。茶葉や茶器だけでなく香道の道具も扱う。右下／戸棚の中にはテイスティング用の茶葉がぎっしり。中央下／職場ではおやつの時間も！　この日は近所の老舗パン屋さんの芝麻球（ゴマボール）と鹹水餃（揚げ餃子）。お茶は紅玉《ホンユー》。左下／お茶は毎日淹れる。烏龍茶類は紫砂壺で淹れるのがベストだそう。

場の求人広告を見つけて応募した。家族がお茶好きで、生活の中にいつもお茶があったことも理由のひとつだった。ここに勤めてすでに22年。常にお茶に囲まれたこの環境は彼女にとって、自然体でいられる場所なのだという。茶葉の種類によって、その量や温度、待つ時間が異なる台湾茶。ぴったりの一刻に注がれたお茶の魔力には、身も心も一瞬にして持っていかれるという。自身も泡茶師の資格を持ち、来客に備えて常に泡茶《パオチャー》（お茶を淹れること）をしている彼女の所作は落ち着き払っていて、静寂さえ感じさせる。

　台北市内でもユィンチンさんの職場がある一帯は、交通の要所でもある台北駅が北に、流行と歴史が入り交じる繁華街の西門町が東に、そして総統府が南にあるというエリアで老舗も多く、おいしいものもたくさんある。それでもユィンチンさんがお弁当を必ず持ってくる理由は、それがお金を出しても買えない母の特製で、母の愛がこもっているものだからだ。

給湯室にはピンク色の大同電鍋が置いてあり、スタッフは自由に使える。お昼の時間が近づいてきたら大同電鍋にお弁当箱を入れて、水を入れてスイッチオン。蒸し上がったお弁当はアッツアツのホッカホカ。取り出すときは布巾でガードして火傷しないように気を付ける。電鍋で蒸せるようにお弁当箱はステンレス製だ。

72歳になるユィンチンさんのお母さんは、以前、「安親班《アンチンバン》」での買い出しから調理までを担う給食係をしていた。安親班とは、幼稚園児や小学生向けの託児所兼塾のようなところで、小学校が多いエリアには必ずといっていいほどある機関。その安親班を退職してからは、家族4人の夕食作りがお母さんの生活の中心となった。

家族に食べさせるのが楽しみと、ユィンチンさんのお母さんはほぼ毎日市場へ行っては新鮮な食材を買って来る。たくさん買うときは買い物かごを引っ張って、そうでもないときはエコバッグ持参のスタイルで。家から市場まで歩いて往復20分。台湾ではヘアサロンでのシャンプー代がお手頃でヘアサロンへシャンプーに行くことが習慣となっている人も多く、ユィンチンさんのお母さんもヘアサロンに寄ってから買い物へ行くこともあるそうだ。

そして、帰ってきたお母さんがマンション入り

ステンレス製のお弁当箱は2段構えで、ごはんとおかずは分けて入れてくる。お弁当を食べるときもユィンチンさんの飲みものはもちろんお茶。この日は、前日夜に準備した白《バイ》毫《ハ》烏龍《オウーロン》（別名：東方美人、五色茶など）の冷包茶《ランパオチャー》（水出しのお茶）。茶こし付きのボトルは熱いお茶を入れても大丈夫なので重宝している。保温カバーはお気に入りの柴犬ちゃん。

口のベルを押したら、ユィンチンさんが下へ降りて行って上階まで荷物を運んであげる。それがいつもの景色。

多くの台湾人家庭にあるように、ユィンチンさんの家でも牛肉は食べず、肉よりは魚を食べる割合が高いそうだ。ほかにも料理自慢のお母さんにはこだわりがあって、米は台湾の有名米メーカーのブランド「三好米《サンハオミー》」、しょうゆは1945年の創業のしょうゆメーカー「萬家香《ワンジアーシアン》」のものを使うと決めている。いまでは外食やテイクアウト・デリバリーで済ます家庭が増えた「年菜《ニエンツァイ》」と呼ばれる大晦日の料理も、ユィンチンさんのお母さんは毎年丁寧に手作りする。

「母はお弁当作りが面倒だなんて言ったことないし、いつも何が食べたいの？　って聞いてくるんですよ」と語るユィンチンさんの今日のお弁当には、彼女が大好きなブロッコリーがたっぷりと入っていた。

七.

ユィンチンさんのお弁当、おしながき

① 煎豬肉
（台湾式とんかつ）

② 炒玉米紅蘿蔔
（コーンとにんじんの
沙茶醬炒め）

③ 炒花椰菜
ユィンチンさんの
お母さん流
（ブロッコリー炒め）

④ 荷包蛋
ユィンチンさんの
お母さん流
（目玉焼き）

七.

ユィンチンさんのお弁当レシピ

薄味でヘルシー志向。お料理自慢のお母さんが作る素材の味を活かしたおかずたち。

① 煎豬肉《ジエンジューロウ》（台湾式とんかつ）

お弁当の定番おかずで、家庭によって味付けいろいろ。
地瓜粉を使った揚げものは衣の粒々感が際立っていて
サクサクしている。豚ロース肉は、しょうが焼き用などの
薄めのものだと味が染み込みやすく揚げ時間も短くて済む。

材料（夜ごはん２人分＋お弁当１人分）
豚ロース肉 … ４枚（約160g）
地瓜粉 p.139【かたくり粉】… 適量
サラダ油
… フライパンに１cm弱高さほど
A
にんにく … １〜２かけ
しょうゆ … 大さじ１
米酒 p.135【料理酒】… 大さじ１
酢 … 大さじ1/2

【これで代用！】
地瓜粉《ディーグァフェン》：日本でも中華食材店などで手に入るが、ない場合はかたくり粉でも可。

作り方
1 にんにくをみじん切りにし、Aを豚ロース肉にしっかりと揉み込み、一晩置く。
2 1に地瓜粉をまぶす。
3 フライパンにサラダ油を入れ、油に粉を落としてすぐに浮いてくるほどに油の温度が上がったら豚ロース肉を入れる。
4 しっかりと火が通ってキツネ色になったら完成。

現地からのこぼれ話

- ユィンチンさんのお母さんは、やや厚めの豚ロース肉８枚（約480g）を使い、家族分とお弁当分を一気にたくさん作っていたが、レシピでは作りやすい分量を提示している。豚ロース肉の厚さは時短を考えるなら薄めがよいが、そこはお好みで。
- 豚ロース肉はきちんと広げてから調味料に浸す。揚げる前にも肉をひっくり返したり混ぜたりと、再度味をよく染み込ませる。
- お母さんの味付けはユィンチンさんも「食べたら油と肉の味がする」と思うほど薄いそう。
- 大皿に、トマトを切ったものを添えて盛り付けるときれい。

②炒玉米紅蘿蔔《チャオユィミーホンルォボ》 (コーンとにんじんの沙茶醬《シャーチャージャン》炒め)

火鍋のお供「沙茶醬《シャーチャージャン》」(p.135)が仕上げのキモ。
少しピリ辛で、ソースの原材料の魚介やピーナッツの香りがほのかに漂う。
ユィンチンさんのお母さんは生のコーンとにんじんで作っていたが、
手早く作るならミックスベジタブルがおすすめ。

材料(夜ごはん2人分+お弁当1人分)

生のコーン(粒のみを使う)… 150g
にんじん … 1/3本
(ミックスベジタブル190gでも可)
沙茶醬 p.135 … 小さじ1
サラダ油 … 小さじ1

作り方

1 にんじんをサイコロ状に切る。

2 **1**とコーンをゆでる。ゆでたコーンを粒だけにする。

3 熱したフライパンにサラダ油を入れ、にんじんとコーンを強火で1分ほど炒める。

4 沙茶醬を加えてさらに炒める。沙茶醬はパッケージを開けるとソースが下に沈殿し、上部には油分が浮いているが、この料理では沈殿したソース部分だけを使う。沙茶醬が全体に行き渡ったら完成。

memo

● とても薄味なので、お好みで塩かしょうゆを足して調味を。

現地からのこぼれ話

● ユィンチンさんのお母さんは生コーンの甘みを活かすため、あえて味付けを控えめにしている。

③炒花椰菜《チャオホァイエツァイ》（ブロッコリー炒め）

ユィンチンさんのお母さん流

お弁当に入れても型くずれしにくく
ボリュームも出るブロッコリーは、お弁当界のスター野菜。
ユィンチンさんのお母さんは、
塩と油少なめでヘルシーに仕上げている。
においが気になる人はにんにく少なめでどうぞ。

材料（夜ごはん2人分+お弁当1人分）

ブロッコリー … 中1本
にんにく … 2～3かけ
サラダ油 … 小さじ1
塩 … 少々
水 … 100mℓ

作り方

1. にんにくをみじん切りにする。ブロッコリーを一口大に切り、湯通しする。
2. 熱したフライパンにサラダ油とにんにくを入れて炒め、香りを立たせる。
3. 湯通ししたブロッコリーを入れて強火で炒める。途中、焦げないように水を加え、水分が飛ぶまで炒める。
4. 塩で味を付けて完成。

memo

● ブロッコリーを先に湯通ししているので、炒める時間は短くてOK。

④荷包蛋《ハーバオダン》（目玉焼き）

ユィンチンさんのお母さん流

両面焼きが台湾ではよく見かけるスタイル。
最後にしょうゆをたらすたらさない、油の中で回すか動かさないか、
焼き方の程度（周りを焦げた感じに仕上げるとか）、
しょうゆではなく醤油膏《ジャンヨウガオ》（台湾のとろみのあるしょうゆ）をかけるなど、
人それぞれ作り方にこだわりがある。

材料（お弁当1人分）
卵 … 1個
サラダ油 … 大さじ1
塩 … ひとつまみ

作り方

1 熱したフライパンにサラダ油を入れて、そこに塩を入れてから卵を割って落とし入れる。
2 卵を中火で焼き、黄身が半熟状態になってきたらひっくり返して、好みの焼き加減になったら完成。

memo

- 塩は油に振りかけるイメージで入れるとスムーズ。うっすら、けれどもきちんと塩味が付く。少し濃い味にしたい場合は塩を多くするか、仕上げのときに追い塩をしても。

現地からのこぼれ話

- 半熟の黄身が好みなら、卵をひっくり返した後は早めにフライパンから取り出す。
- 目玉焼きは前日の夜に作り置きせず当日朝に作る方がおいしい。

故郷の話は饒舌だったが、基本的にはシャイなキョさん。本当は写真も苦手……なところをがんばって協力してくれた。
マンションの管理人になってもう長い。「いくつになっても働けるってことは、人生豊かに送れていいもんだね」。

生まれ育った漁港の味わいは
欠かすことのできないソウルフード

キョさんのお弁当

キョさん

70代、マンション管理人

キョさんが生まれたのは、１９４５年の光復《グァンフー》の年。日本の統治が終わった年である。出生の地は台湾南部、屏東《ピンドン》県の東港《ドンガン》。台湾屈指のマグロ漁港として、その名を馳せているところだ。東港では旗魚《チーユィ》（カジキ）も有名で、これもキョさんの大好物。焼いてもいいし、新しょうがで煮てもいいし、デンブにしても美味で「栄養満点だよ」とキョさんは笑う。はまぐりも名産で、漁港の人がこじ開けてくれたものを酢とわさび、しょうがの千切りで食べる。東港産のはまぐりは大きくて、食べ応えも満点だそう。そのほか3年に1度の迎王祭も有名で、東港の男ならどこで働いていようとこの期間は仕事を休んで祭りに参加する、いや、しなければならないといわれるほどのものだ。

生家は祖父が私塾で漢文を教える「文」を重んじる家庭だった。隣近所には漁業を生業とする家が多く、幼いころから魚を食べない日はなかったそうだ。いまでも「肉は食べなくてもどうってことないけど、魚を1週間食べないってのはもうダ

北投は市街地から離れていて、台北とはいえ緑豊かな環境だ。温泉も有名で、キョさんが勤めるマンションの近くには地熱谷があり、ときおり温泉の湯気が上がっていた。

メだね」と言う。

故郷を離れ台北へ来たのは結婚後、仕事のためだった。はじめはコンテナ船を扱う会社に勤め、台湾の高度成長期には自ら会社を興して韓国や中国にメイドイン台湾の靴を輸出した。50代になってから警備会社に転職し、現在のマンションに管理人として着任。退職間近、会社からほかの物件を紹介されたときには、マンションの住民たちがキョさんを引き留めた。以来17年が経つ。管理するマンションには日本人も住んでいて、親しみを込めてキョさんと呼ばれている。私生活では4女1男に恵まれた。子孫繁栄を願い、以前の台湾では女の子が続く家は男の子が生まれるまで生むという風習があったそうだが、それにならってキョさん家族も末っ子は男の子だ。

管理するマンションがある北投《ベイトウ》の一帯は温泉地として名高く、台北の中でも自然豊かな環境だ。その立地ゆえバイクタクシーがよく使われていて、買いものを頼んだり、後部座席に乗って最寄り駅

（92ページ）左上／お茶は勤務に欠かせないお供。好きなときにお湯を沸かして淹れる。左中央／デザート予定のりんご。左下／「請保持哨所清潔」（詰め所は清潔を保ってください）の標語と、仏チャームの数々が窓枠にペタリ。（93ページ）マンションの入り口すぐに管理室があり、そこがいつもの居場所。24時間体制で３人が順繰りに担当している。

まで行ったり、お弁当代プラスバイク代でお弁当の配達を頼む人も多い。バイクタクシーがこんなにも北投で発展しているのは、日本統治時代に宴会場をはしごする流しの演奏者を送迎した時代に遡るらしい。

住民の人たちと笑顔の挨拶を欠かさないキョさん。日々の仕事は出入りする人の登記や荷物の受け取り作業、管理費の集金など。「家にいると余計なことを考えたりテレビばっかり見てるよ。仕事をしていると生活が規則正しく送れるし、毎日充実感も感じられるね」と、引退の予定は毛頭ない。週に4日勤めて、休みの日には同世代の仲間たちとカラオケに行ったり、子や孫が家に来たり、奥さんと昔夜市で栄えた寧夏路《ニンシアルー》近くの圓環《ユエンホァン》あたりで外食したりと、人生を謳歌している。

奥さんとの2人暮らしの食卓は魚料理が中心だ。車もバイクも使わなくなったいま、大手スーパーで購入した食料品や生活用品は、家に配送しても

冷蔵庫や電子レンジ、ケトルなど、小さな管理人室の中には何でもある。出勤したらお弁当は冷蔵庫に入れて、食べる前に電子レンジで温める。そのためお弁当箱は耐熱ガラスの容器を使っている。

らう。少量なら市場で買ってタクシーで帰るそうだ。魚料理が大好きなキョさんだが、奥さんが作る牛肉の煮込みは例外で「妻は牛肉を食べないけれど、私の大好物だから作ってくれるんだよ」と目を細めて話す。もちろん次の日は、その牛肉の煮込みがお弁当のおかずになる。奥さんは魚料理もお手のもので、鮭のみそ汁には米酒を足すと味が格段に増すなど、おいしく食べる工夫を随所に潜ませている。そんな奥さんの手料理をメインのおかずに、そのほかの副菜などはキョさんが自分で朝手早く作るというのがお弁当準備のお決まりの流れ。今日のお弁当に入っていた虱目魚《サバヒー》の煮込みも奥さんの得意料理かつ、キョさんの大好物だ。

「お弁当を持参するのは近くに食べ物屋さんがないから」とキョさんは言う。しかし恥ずかしがって直接は言わないものの、本当の理由は奥さんの手料理がいちばんだから、というのが言葉の端々や語る様子からあふれ出していた。

八.

キョさんのお弁当、おしながき

① 煮虱目魚肚（サバヒー腹身の煮付け）
② 荷包蛋　キョさん流（目玉焼き）
③ 炒飯（チャーハン）

キョさんのお弁当レシピ

奥さんが作る絶品魚料理をメインに、
自分でちゃちゃっと当日＋αして仕上げる。

①煮虱目魚肚《ジューシームーユィドゥー》
（サバヒー腹身の煮付け）

台湾南部の魚料理といえば虱目魚《サバヒー》！
別名ミルクフィッシュとも呼ばれる
ふっくらとした白身魚にしょうゆとしょうががが効いた煮込みは
それだけでも、ごはんのおかずとしても◎。
サバヒーは日本で手に入りづらいので、
ほかの魚を代替とするのがベター。

材料（夜ごはん2人分+お弁当1人分）
虱目魚【魚の切り身】… 3切れ
米酒 p.135【料理酒】… 大さじ2
A
- しょうゆ … 大さじ1
- 烏醋 p.135【ウスターソース】… 小さじ1
- しょうが … 30g程度
- にんにく … 1〜2かけ
- 塩 … ふたつまみ
- 白こしょう … 少々
- とうがらし … お好みの量

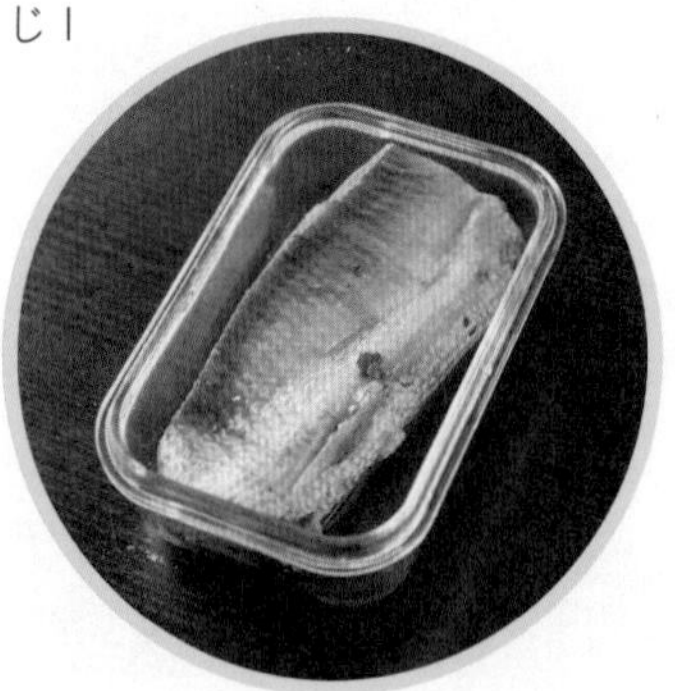

現地からのこぼれ話

- キョさん宅ではサバヒー（腹身）を6、7切れ使って一度に大量に作る。しょうがは新しょうがを使うのがこだわり。50gたっぷりと入れる。

〈食べ方〉
- 多めに作っておいて、お弁当や夕食のおかずとして少しずつ食べるのがキョさん宅のスタンダード。キョさん宅では作ったあと冷蔵保存して、大体2〜3日くらいで食べ切る。
- 残った煮汁はごはんにかけながら食べるのがキョさんの習慣だが「豆腐や白菜などを煮るのに使ってもいいよね」とのこと。

〈サバヒーのこと〉
- サバヒーは腹身以外の部位は小骨が多いので、ツウの人は腹身を食べるといわれている。また、同様の理由からぶつ切りにするよりも、背や腹に沿って切り開く方が小骨が同じ方向になって処理しやすい。
- サバヒーは塩こしょうで焼いて食べるのもおいしい。台湾の熱《ルー》炒《チャオ》店（居酒屋）などはこの手法で出てくることも多い。塩少々、しょうがとねぎ入りのスープにしてもよし。

②荷包蛋《ハーバオダン》（目玉焼き）

キョさん流

ごはんの上にも、麺の上にも
のせるだけで見栄えも味わいも
ググッと増すのが目玉焼き。
キョさんはチャーハンの上にのせて
お弁当をアレンジ。仕上げに加える
しょうゆ数滴がほのかに風味を
底上げしてくれる。

材料（お弁当１人分）
卵 … １個
サラダ油 … 大さじ１
塩 … 少々
しょうゆ … 少々

作り方

1　熱したフライパンにサラダ油を入れて、卵を割って落とし入れて中火で焼く。２分ほど経ったら塩をかける。

2　黄身が半熟状態になってきたらひっくり返して、好みの焼き加減になったらフライパンから取り出す前にしょうゆを数滴たらして完成。

現地からのこぼれ話

● 目玉焼きは当日の朝作る。チャーハンの上にのせれば豪華さが増す。

【これで代用！】

虱目魚《サバヒー》：基本的に白身魚なら好みで選んでも問題ない。ブリは赤身だが煮ても身がやわらかく、ふっくらとしたサバヒーの腹身を思わせる仕上がりになるのでおすすめ。タラは少し仕上がりが硬い印象。

【これで代用！】

烏醋《ウーツー》：ウスターソースで。

作り方

1　にんにくは皮を剥いて潰し、しょうがは千切りにしておく。

2　鍋にサバヒーを入れ、切り身が浸かるくらいの水（分量外）を入れる。

3　鍋にAを加えて沸騰させ、その後弱火で約20分間煮込む。

4　火を止める直前に米酒を入れ、弱火で１～２分煮込んだら完成。

③炒飯《チャオファン》（チャーハン）

冷めたごはんをおいしくリメイク。
淡い塩味としょうゆの香りが食欲を刺激する。
少し濃厚に作ると、上にのせる
目玉焼きの存在感がいっそう輝いてくる。
こちらもお弁当を持っていく当日の朝、ちゃちゃっと作る。

材料（お弁当1人分）
ごはん … 一膳
ミックスベジタブル … お好みの量
ハム（ベーコンでも可）… お好みの量
サラダ油 … 大さじ1
塩 … ひとつまみ
しょうゆ … 少々
白こしょう … 少々

作り方

1 ハムを好みの大きさに切る（一口大くらいの小さめが食べやすくておすすめ）。
2 熱したフライパンにサラダ油を入れ、ごはんを炒めてからハムとミックスベジタブルを入れる。強火で素早く炒める。その方が香りがよくなる。
3 5分ほど炒めたら塩、こしょう、しょうゆで味つけして完成。

memo

● ハムはベーコンやソーセージでもお好きなもので。切れているものを買ってくれば包丁を使わずに済んで楽。

現地からのこぼれ話

● 台湾ではグリーンピース、にんじん、コーン、ハムが入った冷凍パックが一般的で、チャーハンに使う家庭も多い。
● 大好きなきゅうりの漬けものやたくあんをたっぷりと添えるのがキョさんスタイル。

温馨提示 ▽ お弁当はこの野菜！

偶然の一致からかいま見る、お弁当界のアイドル的野菜。

パプリカとブロッコリー。本書で申し合わせず重複して登場したふたつの野菜は型くずれしにくくて色鮮やか、ボリュームも出るとお弁当に適した特性を持っている。前日の夜ごはんとして作り置きしておいても見た目、味わい共に変わりなく安心感もある。パカッとお弁当箱を開けたときに鮮やかな彩りが目に飛び込んでくると心も弾む！

● パプリカの場合

とにかく赤と黄の美しさが抜群！　ほんのりとした酸味と甘みがほかの素材と炒めると互いを引き立て合う。

鐵板豆腐《ティエバンドウフー》
（豆腐のステーキ）

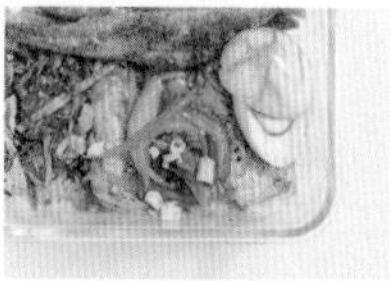

赤黄パプリカと、玉ねぎを豆腐ステーキのつけ合わせに。パプリカと玉ねぎの甘さがこしょうの効いた豆腐のおいしさをサポート。

▶ 42ページ

彩色青椒《ツァイスーチンジャオ》
（パプリカとピーマンのカラフル炒め）

パプリカの黄色と赤色に、ピーマンの緑色を加えたバランスのよいビビッドカラーの組み合わせ。豚肉と炒めてうまみもプラスした一品。

▶ 78ページ

彩椒牛柳《ツァイジャオニォウリォウ》
（牛肉とパプリカ炒め）

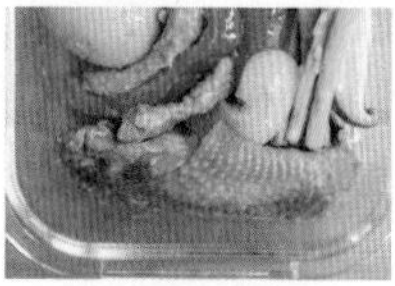

こちらも黄と赤のパプリカを使用。そこにたっぷりの牛肉を加えて炒めた食べ応えのあるメニュー。しょうゆが効いている。

▶ 108ページ

● ブロッコリーの場合

オンリーブロッコリー、作り方も材料もほぼ同じで塩とにんにくという潔さ。どんなおかずとも相性よし。本書で登場するブロッコリー炒めは一気にたくさん作るか、少しだけ作るかの違い。もこもこ森のようなビジュアルがかわいい。

炒花椰菜《チャオホァイエツァイ》（ブロッコリー炒め）

シャオトンさんのおばあちゃん流 ▶ 79ページ

ユィンチンさんのお母さん流 ▶ 88ページ

授業に研究に多忙を極める日々。写真を撮影したこの場所のずっと後方には総図書館があり、そこはキャンパス内でもっとも好きなところだそう。「外食はお金も時間もかかるし、健康を考えるとやっぱりお弁当がいちばんです」。

短い昼時間を助けてくれる
ヘルシーおいしい母の手作り

ホン先生のお弁当

ホン・サージュンさん
40代、大学准教授

台北市内の大学で日本語を教えているホン先生の、その日のお弁当は滷味《ルーウェイ》がメインだった。しょうゆと砂糖の甘辛味が、肉や野菜、麺などあらゆる具材にぎゅーっと染み込んだブラウンカラーの煮込み料理は、夜市や屋台の人気者でもある。

そんな羨ましいホン先生のお弁当をいつも作ってくれるのは、60代になるホン先生のお母さん。根っからの料理好きで料理番組（とくに料理美食王）は欠かさずウォッチ。新しいもの好きでもあって、珍しい食材もどんどん取り入れて新メニューを開発していくそうだ。なかでもお母さん特製牛肉麺は、しょうゆベースのちょっと辛めのスープにとろけるようにやわらかい牛肉や牛筋が絶妙で、にんじんやトマト、玉ねぎ、ねぎなど野菜もたっぷり入っていてホン先生の大好物だそう。お母さんがもっとも得意なのは台湾料理ではあるものの、ときにはステーキや、肉そぼろ、きゅうり、にんじん、卵が入った台湾式の巻き寿司など、いろいろなテイストの料理が食卓に上がる。

右・左上・左中央／ホン先生が勤める校舎。1930（昭和5）年、井出薫の設計で建てられた。廊下も窓も、隅々まで歴史の重厚感が漂う。左下／事務室では作業もするし、お弁当も食べる。ホン先生は日本の文学者作品を取り上げた科目を教えていて、その資料も事務室にはたくさんある。

買い出しにはホン先生も同行する。食材は週に一度、近所の市場で大量購入。土曜日の朝8時から行きつけの店に寄るのが習慣となっている。多忙なホン先生の癒やしであるトイプードルのトントン（桐桐）の散歩も、食材購入と同じく母と娘の共同作業だそうだ。

お弁当持参の理由は健康のためと、お昼を食べる時間が短いことから。ホン先生が受け持つ午前の授業が終わるのは12時過ぎで、そこから学生たちに交じって並んで昼ごはんを買うのはひと仕事だ。13時過ぎにも授業が入っている場合は食べる時間がほとんどなくなってしまう。電子レンジがある事務室は1階で、自分の研究室までの往復は約8分。お弁当を持参すれば、温める時間を入れてもまだゆっくりと食べる時間がある。研究室が入っている建物は市定古蹟に指定された旧図書館。天井の高い静かな一室で、窓の外の緑を眺めながらの食事タイムは憩いのひとときだ。

お昼時には屋台も出てきて賑わう。大学の敷地内にはコンビニやさまざまな料理が選べるフードカウンター、イートインエリアを備える学生センターもあるが、ランチ時の混み様はものすごい。

お弁当は前日の夕食を詰めたもので、夕食を食べる前にお弁当箱にごはんとおかずを詰め、冷蔵庫に入れておいてそれを翌日持って来る。夕食を作り終えるタイミングに間に合えば自分で詰めるし、残業などで遅くなったときはお母さんが詰めておいてくれる。

ホン先生は台北生まれの台北育ち。両親と姉と4人で暮らしている。学生時代は現在教鞭をとる大学で過ごし、卒業してからは事務室で6年間助手として働いた。修士課程を終え、ドクターコースは日本へ。作家の中島敦について博士論文を発表した。彼女がこの大学と学科への進学を選んだのは、興味がない分野を消去法で除外して、最後に残った選択肢の中で日本語学科が面白そうだったからだが、いまは高校時代から第二外国語やサークルなどですでに日本語に触れたり、さまざな情報を取り入れて自力で勉強してきた学生も多く、昔よりレベルが高いと感じているという。入学時にN1（日本語能力試験でいちばん難しいレ

大学のメインストリート両脇には、設立当時に植栽された大王椰子が整列していて歩くだけでも心地よい。ストリートの広さを見ても分かるように、大学の敷地は広大。学生たちは自転車移動をすることも多く、そんな校内ではお昼を買うために行き来するだけでも時間がかかる。お母さんの手作りお弁当は、ホン先生の健康とともに時間もサポートしている。

ベル）に受かっている学生もいて「優秀な彼らに対して、私たち教える側も日々の精進は怠れません」と落ち着いた静かな口調で話す。そんな学生と学問と真摯に向き合うための日々を、お母さんのお弁当が支えている。

右上／お茶は蓋付きのマグカップで。左上／２段目の引き出しにはいつも飲むお茶が入っている。いまはミントティーとバラ＆ハイビスカスティー。事務室にポットもあるのでいつでも飲める。右下／スヌーピーが大好き。お弁当バッグもお箸もスヌーピー。左下／電子レンジで温めるため、耐熱ガラスのお弁当箱を愛用。

九・

ホン先生のお弁当、おしながき

①滷味（台湾風煮込み）

②彩椒牛柳
（牛肉とパプリカ炒め）

③蘆筍炒香菇
（アスパラガスとしいたけの炒めもの）

④炒青菜（青菜炒め）

① 滷味《ルーウェイ》（台湾風煮込み）

夜市でもよく見かけるおなじみの味を
家庭でも作ることができる。
しょうゆと砂糖の甘辛い味を吸った具材は
艶やかでこってり。麺を入れればこれだけで
一食として完成する。残った煮汁に
新たな具材を投入すれば、飽きずに楽しめる。

材料（夜ごはん2〜3人分＋お弁当1人分）

手羽先 … 6本
卵 … 6個
豆干《ドウガン》＊ … 6個
（卵・豆干は）好きな具材・量でも可
例）
卵 … 3個
えのき … 1袋
厚揚げ … お好みの量
水 … 適量

A
- にんにく … 5かけ
- とうがらし … 2本
- 八角 p.138 … 3個
- 氷砂糖（もしくは砂糖） … 7〜9粒
- しょうゆ … 100mℓ

作り方

1. にんにくは皮をむき、卵はゆで卵にして殻をむいておく。
2. ゆで卵、手羽先、豆干を鍋に入れ、Aを入れる。
3. 食材が浸るくらいの水を鍋に入れ、強火にかける。
4. 沸騰後、弱火にして約30分煮込み続けたら完成。

現地からのこぼれ話

- 「豆干《ドウガン》」＊という、台湾では一般的な豆腐の硬いバージョンのようなものを入れるのがホン先生宅のスタンダード。
- 具材として練りもの、豆腐類、キノコ類、野菜、科學麵や王子麵（台湾のコンビニなどで買えるポピュラーなインスタント麺）、砂肝などのモツ類を入れてもおいしい。
- 食べきれなかった場合は冷蔵庫に保管するのがベターだが、入らないようなら夜に一度沸騰させてから鍋に蓋をして置いておき、翌日必ず再度沸騰させる。食べる前にも必ず沸騰。そうすると悪くなりづらい。この手法で夏場の台北で３〜４日は保つという。ただし豆腐類を入れると煮汁が腐りやすくなるので注意。
- 沸騰させるほどに煮詰まっていき味も色も濃くなっていく。味が濃くなり過ぎたと感じたら終わりの合図。

memo

- 厚揚げを使う場合は先に油抜きをして一口大に切り、えのきは過食部分でカットしておく。
- 少し濃いめの味が好みなら40分くらい煮込んでもいい。お好みで。
- 翌日にはエリンギ３個を手で裂いたものと、インスタントラーメンの麺を半分入れて煮込んでみたが、それもおいしかった。
- 砂糖の量はお好みなので、煮込みながら味を調整すると安心。氷砂糖を使うと甘さがマイルド。

② 彩椒牛柳《ツァイジャオニォウリォウ》（牛肉とパプリカ炒め）

パプリカの甘みと酸味が牛肉のジューシーさを引き立てる。
お弁当は味だけでなく、見た目をおいしそうに見せるのも大事。
このメニューはそうした意味でもお弁当にぴったりだ。

材料（1〜2人分）

赤パプリカ・黄パプリカ … 各1個
牛肉（切り落とし）… 150g
サラダ油 … 大さじ1
にんにく … 1〜3かけ
塩 … ふたつまみ
A
　しょうゆ … 大さじ1/2
　こしょう … 少々
　かたくり粉 … 少々

作り方

1 牛肉にAを加えてよく揉み込み10分間置く。その間ににんにくをみじん切りに、パプリカを細切りにする。
2 熱したフライパンにサラダ油とにんにくを入れて炒め、香りを立たせる。
3 牛肉を入れて中火〜強火で炒めて八分ほど火が通ったら、パプリカを加えてさらに炒める。
4 最後に塩を加えて味を整えて完成。

memo

● 牛肉に下味をつけるときはポリ袋に入れて行うと便利。

現地からのこぼれ話

● ホン先生のお母さんは牛肉の細切りを使用していたが用意するのは手間がかかるので、火の通りやすい形状であれば好みの肉を使えばよい。

③蘆筍炒香菇《ルースンチャオシァングー》
（アスパラガスとしいたけの炒めもの）

彩りよく栄養価も高く、上品な味つけで作り方も簡単なこともあり、
ホン先生のお弁当では登場回数の多い野菜系おかず。
にんにくと油と塩を吸い込んだしいたけは、
翌日はさらにくったりと味が染み込んでおいしい。

材料（1～2人分）
アスパラガス … 1束（約50g）
しいたけ … 4～5個
にんにく … 1～2かけ
サラダ油 … 大さじ1
塩 … ふたつまみ

作り方

1 アスパラガスは5㎝幅に、しいたけは石突きを取り5㎜ほどの薄さにスライスし、にんにくはみじん切りにしておく。

2 熱したフライパンにサラダ油とにんにくを入れて炒め、香りを立たせる。

3 しいたけを加えて中火で炒め香りが出てきたら、アスパラガスを入れてさらに炒める。

4 アスパラガスがやわらかくなったら取り出す前に塩を加え、味を整えて完成。

memo

● アスパラガスの太い部分はなかなか火が通りにくいので、途中で少し水を加えてフライパンに蓋をして、少し蒸してもいい。

④ 炒青菜《チャオチンツァイ》
（青菜炒め）

炒めたときに漂うにんにくの香りが青菜に移って香ばしい。
ホン先生のお母さんはA菜《エーツァイ》（逆さまに持つとAの字に見えるレタスのような食感の葉野菜）をよく使うが、
空心菜、ほうれんそう、キャベツなどでも応用できる。

材料（1～2人分）
好きな青菜 … 1束
サラダ油 … 大さじ1
にんにく … 1～3かけ
塩 … 少々

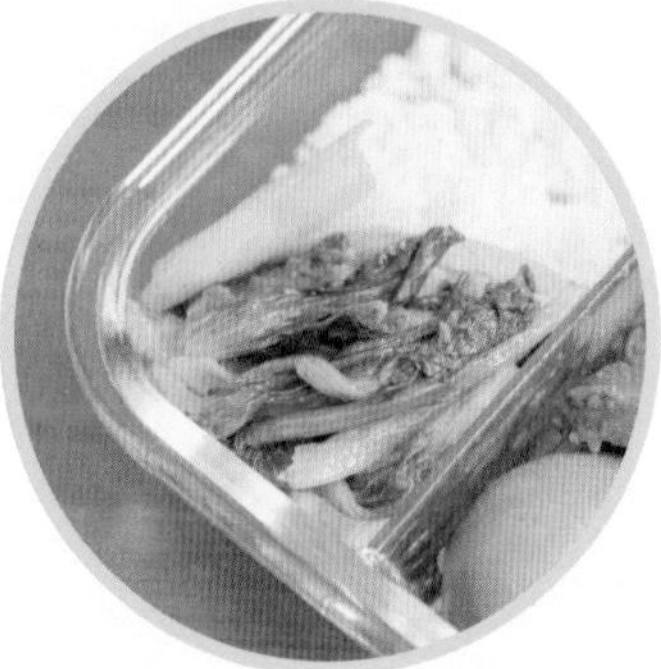

作り方

1 青菜を4cm幅ほどに切り、にんにくはみじん切りにする。
2 熱したフライパンにサラダ油とにんにくを入れて炒め、香りを立たせる。
3 青菜を入れ少し炒めたら、塩を加えて炒めて完成。

現地からのこぼれ話

● A菜は上記の通りの野菜で、台湾では屋台や食堂でも炒めたりゆでたりして供されている、身近な葉野菜の一種だ。シャキシャキとした歯応えが特徴的。

菜脯蛋《ツァイプーダン》（干しだいこん入り玉子焼き）

ハイギさん流▼31ページ

ファンさん流▼56ページ

家庭料理のザ・定番な卵料理。ハイギさんはだし汁やみりんを加えて作り、ファンさんは青ねぎと米酒を加え、さらに使う菜脯（干しだいこん）はおばあちゃんのお手製だった。

荷包蛋《ハーバオダン》（目玉焼き）

ユィンチンさんのお母さん流▼89ページ

キョさん流▼97ページ

当日の朝、ササッと作る両面焼いた目玉焼き。シンプルなだけにこだわりも際立つ。ユィンチンさんのお母さんは油に塩を加えて味つけ、キョさんはフライパンに落とし入れた卵にまず塩、両面焼いて取り出す直前にしょうゆを加えている。

「食べるのが大好きだから、作るのにも目覚めちゃいました」というジューズさんは、それまでずっと外食派だったという。お弁当は素材の味を損なわないことがモットー。話し好き、もてなし好き、猫好き。

十.

懐かしい父の記憶に
料理好き心を揺さぶられて

ジューズさんのお弁当

ヤン・ジューロンさん
40代、新聞社美術デザイナー

小気味よくポンポン会話がはずみ、明朗闊達、さばさばした人。これが彼女への第一印象だった。友人たちは、彼女のことをジューズ（莒子）と呼ぶ。本名はヤン・ジューロン(楊莒蓉)さん。名前の「莒」をもじった親しみを込めたあだ名だ。台湾ではオレンジのことを「橘子」（ジューズ）といい、それが彼女のあだ名と同じ発音なこともあってか、気付けば身の回りにはオレンジの小物がたくさん集まっていた。愛猫のシャオピー(小皮)は今年9歳。隙を見てはベランダに出ようとしていて、ジューズさんが後を追いかけるのが日常だ。

職場は新聞社。台北でデザインの勉強をしてから文芸文化を取り扱う出版社に8年勤め、いまの会社はもう20年以上になる。毎日15時から22時半が勤務時間で、とくに17時半ごろから22時は外に出られないほどの修羅場となる。記者である同僚のシャオリンさんは、夜ごはんを完食した覚えがないというほどだ。ジューズさんはデザイナーで、記者たちのあとに急場が訪れる。「みんなが分刻

上／食材は最初に小分けにしておくのがジューズさんのスタイル。右上・下／スープ作りは、食材とそれらが浸るくらいの水とだしの素を大同電器に入れたら、後はスイッチを押して待つだけ。持ち運びは保温容器で。スープはよく持っていくメニューのひとつだ。左下・右／行きつけの龍山寺近くの伝統市場の中にある地鶏を扱う業者さんが、鶏肉の油でじっくり揚げた油蔥酥《ヨウツォンスー》（台湾エシャロットの揚げたもの）。蓋を開けるととたんに香ばしい！　そのまま食べてもおいしい。左下・左／ベランダで育てているバジルを収穫し、玉子焼きに使用。

みになっているなか、この人ひとり、優雅にスープなんか飲んでるんだから」とシャオリンさんは笑いながら言う。

そんなジューズさんがお弁当を作るようになったきっかけは2、3年ほど前、職場の出退勤時間が変わったことだった。退社時間が2時間遅くなると、帰宅後に食事はできないと判断。止むに止まれずお弁当作りを始めたが、あるときふと、市場で食材を買っているときにリラックスした気持ちになっているのを感じた。やがて作ることにも夢中になり、いまや買い出しから食べ終わるまでの流れがストレス解消法となった。

お弁当のマイルールは、野菜は少なくとも2種入れること。できるだけ素材のよさをそのまま楽しみたいから、野菜料理は作ったその日のうちに食べ切る。作るのがしんどいと思ったら、メニューによっては多めに作って2日間続けて持って行くこともある。同じおかずが続くときはスープを違うものにするなど、臨機応変に楽しむようにし

上／食材だけでなく、調味料や調理器具にも凝っている。愛用の調味料は常にキッチン中央にセット。フライパンは小さめのものをいくつか併用している。一人暮らしにしては十分過ぎるほどなんでも揃っている。スイーツ作りもしたいけれど「これ以上どこに道具を置くのよ〜」と楽しそうな悲鳴。左／大切な同居猫のシャオピー。人懐っこい。

ている。しいたけとねぎは好きなうえに、焼く、炒める、スープ、なんにでも使えるので、常に欠かせない食材だ。肉は苦手（とくに牛肉）なのであまり入れず、青魚は逆によく使う。味付けはできるだけシンプルに。自分のお弁当に慣れてきたら、外食はかなり味が濃いと感じるようになった。

ジューズさんの出身は南部の嘉義《ジァーイー》だ。広東出身のお父さんと台湾人のお母さんの間に生まれた三姉妹の次女として、高校までを嘉義で過ごした。中学高校はお母さんがお弁当を作ってくれた。なかでもお母さん特製の陽春麺《ヤンチュンミェン》（シンプルな湯麺）はジューズさんの大好物。くたくたになった白菜が入っていて、麺の上には目玉焼きというのが特徴で……ほかでは食べられない、いつも恋しい味だという。

しかし彼女の奥底にあった料理好きの心に火をつけたのは、お父さんの影響が大きいそうだ。思い立ったら作る、食べたいときに作る、外でおいしいものを食べては常に再現していたお父さん。

家が近い同僚のシャリンさん（左）は時折訪ねてくる。職場では向かい合ってゆったり話す時間などはまったくない。「これ、おいしいね。今度会社でつまみたいから持ってきてよ」「いいよ。あなたにつまむ時間があればの話だけどね」なんて話しながら、それでもジューズさんはいつも多めに持っていく。職場ではみんなのお姉さん格なのだ。

真ん中をくりぬいた豆腐にバラ肉を詰めたピリ辛の紅焼風味の香豆腐やとろみをつけたなまこ料理、肉の煮込みなど、懐かしいお父さんの料理を思い出せば枚挙に暇がない。「いまはもういないから、もっと料理のことを聞いとけばよかった。あ〜、若いときは料理作りなんて興味なかったからなぁ」。

ジューズさんは客人をもてなすのも大好きで、取材時も近くに住む同僚のシャオリンさんが遊びに来ていた。こうしてジューズさんの手料理を食べに来る友人たちは、あとを絶たないそうだ。料理だけでなく彼女のセンスで作り出された居心地のよい空間も、友人たちの心のオアシスになっている。部分的なオレンジの壁、床タイルも光の加減でオレンジっぽく見える。ベランダの緑にも癒やされる。嘉義から持ってきたという古い食器棚も来客の郷愁を誘う。シャオリンさん曰く「ここへ来ると、うちに帰りたくなくなるのよねえ」。

十.

ジューズさんのお弁当、おしながき

①魚丸湯（魚団子のスープ）

②涼拌雞胸肉春雨（燻製チキン入り冷やし春雨）

③蔥肉捲（きのことねぎとチーズの肉巻き）

④九層塔煎蛋（台湾バジル入り玉子焼き）

⑤燙玉米筍・小青江菜（ゆでヤングコーンとミニチンゲンサイ）

⑥燙小巻（ゆでイカ）

⑦煎南瓜（焼きかぼちゃ）

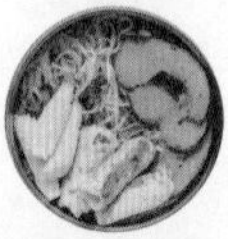

ジューズさんのお弁当レシピ

できるだけ新鮮で旬な食材を選び、その味を活かした調理が信条。

① 魚丸湯《ユィワンタン》（魚団子のスープ）

白身魚の団子がフワフワと浮かぶ薄味のスープは、汁なし麺との相性がすばらしい。このスープは台北北部の淡水に行っておいしそうな名産品の魚団子をたくさん買って帰ったときに思いついたそう。

材料（昼ごはん１～２人分＋お弁当１人分）

だいこん … 240g
魚団子（市販の魚の練りもの、つみれなど）… 約130g
顆粒だし … ４g
水 … 適量
青ねぎ … 少々
パクチー … 少々
白こしょう … 少々
塩 … ひとつまみ

作り方

1. だいこんを一口大に、青ねぎを小口切りに、パクチーを１～２㎝幅に切り、魚団子と顆粒だしと共に水を張った鍋に入れる。水は具材が浸かるくらいが目安。
2. 鍋を強火にかけて沸騰させたら、中火にしてだいこんがやわらかくなるまで煮る。
3. 具材に火が通ったら塩こしょうで味を整え、青ねぎとパクチーを入れる。

memo

- つみれを使う場合、魚の種類によっては火を通し過ぎると団子が崩れてしまうので注意。

現地からのこぼれ話

- お椀に入れて食べる直前に、お好みで香油p.136【 ごま油 】を数滴たらすと香りがよくなる。
- ジューズさんは大同電鍋を使って調理。電鍋に材料をすべて入れてスイッチを押すだけなので重宝している。

②涼拌雞胸肉春雨《リャンバンジーシォンロウチュンユィ》（燻製チキン入り冷やし春雨）

ジューズさんの夏場の溺愛メニュー。スープとセットで
お弁当として持参する。前日に作って冷蔵庫に入れておくと
味が染み込んでよりおいしい。暑い日は温めないでそのまま食べると
ひんやりチュルチュル気持ちがよい。

材料（昼ごはん2人分＋お弁当1人分）

サラダチキン（スモーク）… 約80g
春雨 … 30g×2玉
きゅうり … 1/2本
きくらげ … 50g
にんじん … 1/4本
A
ごま油 … 小さじ1
ラー油 … 小さじ1
しょうゆ … 大さじ1
白ごま … 適量
にんにく … 1～2かけ
青ねぎ … 少々
パクチー … 少々

作り方

1 下準備。きくらげを水で戻しておく。サラダチキンを一口大にほぐし、きゅうりとにんじん、きくらげを細切りに、にんにくをみじん切りに、青ねぎを小口切りに、パクチーを適宜切って準備する。

2 お湯を沸かして春雨をゆでる。

3 2分ほどしたら、にんじんときくらげも入れていっしょにゆで、すべてがやわらかくなったらザルに上げて水分を切る。

4 ボウルに**3**とサラダチキン、きゅうりを加えて混ぜる。

5 **4**にAを加えてよく混ぜ合わせたら完成。

memo

- 春雨と調味料を混ぜ合わせるとき、春雨がかなりくっつくので手早く行う。団子状になってきたら、ごま油を追加してほぐすとよい。
- 結構薄味なので、しょうゆの量はお好みで調整を。

現地からのこぼれ話

- ジューズさんは台湾の老舗メーカー「龍口食品《ロンコウシーピン》」の春雨がイチオシ。

③蔥肉捲《ツォンロウジュエン》
（きのことねぎとチーズの肉巻き）

具材を薄切り豚ロースで巻いて焼くのみ。
さまざまな味付けと相性がよい食材なので、仕上げの調味料は
お好きなものでどうぞ。テレビ番組で見て以来よく
お弁当のおかずに作るようになった、ジューズさんのお気に入り。

材料（昼ごはん2人分+お弁当1人分）
薄切り豚ロース … 8枚（200g）
青ねぎ … 2本
えのき … パック半分（50g）
スライスチーズ … 1枚
サラダ油 … 大さじ1～2
塩、黒こしょう … 少々
スパイス（お好み）… 適量
（ジューズさんはバジル＆ガーリックソルト）

作り方

1 青ねぎを4㎝幅ほどに、スライスチーズを短冊状に8等分に切る。えのきは可食部分でカットしておく。

2 薄切り豚ロースを広げてその端に青ねぎ、えのき、スライスチーズをまとめてのせて、端から具材を巻いていく。それを8個作る。

3 熱したフライパンにサラダ油を入れ、**2**を中火で焼き色がつくまで焼く。

4 フライパンから取り出す直前に塩こしょうで味を整えて完成。

現地からのこぼれ話

● 味付けの際は、好きなスパイスや調味料を使うと楽しい。しょうゆを少したらしても美味。

④九層塔煎蛋《ジョウツォンタージエンダン》（台湾バジル入り玉子焼き）

牛乳とめんつゆを足すのが決め手。やんわりミルキーな卵に、
バジルの爽やかさが漂うフレッシュな玉子焼きだ。
玉子焼き自体に味がついているので仕上げの
塩こしょうは少なめでも十分。バジルは切らずにそのままで使う。

材料（2人分）
卵 … 2個
バジル … 片手にのるくらい（20枚ほど）
牛乳 … 小さじ2
めんつゆ（白だしでも可）… 小さじ2
サラダ油 … 適量
塩 … 少々
こしょう … 少々

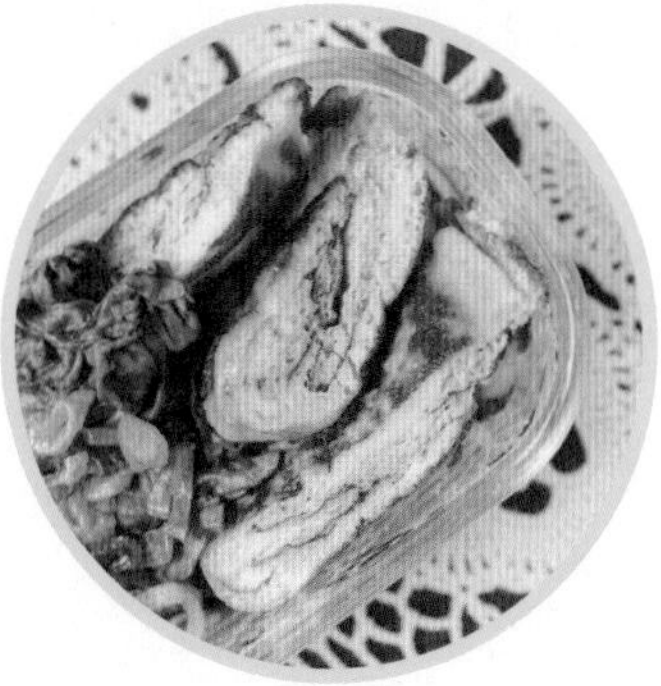

作り方

1 卵を溶いて、牛乳とめんつゆを加えて混ぜる。
2 熱したフライパンにサラダ油を入れ、**1**を流し込み、弱火〜中火で焼く。
3 卵の周辺が焼けてきたらまんべんなくバジルを散らし、卵を巻く。
4 でき上がってから塩こしょうをふって完成。

現地からのこぼれ話

● 九層塔《ジョウツォンター》（台湾バジル）はバジルの一種で、日本で出合うバジルよりも香りが鮮烈。ただ日本では手に入りにくいので普通のバジルで代用可。ちなみにバジルは羅勒《ルォラー》という。

⑤燙玉米筍・小青江菜《ツタンユィミースン・シァオチンジャンツァイ》
（ゆでヤングコーンとミニチンゲンサイ）

食堂でも家庭でも、台湾でよく食べられているのがゆで野菜だ。
「燙《タン》」とは「お湯に浸けて温める」という意味。
いろいろな食材で応用できるが青菜類はとくに向く。
青菜類はゆでたあと油蔥酥と合えればさらにおいしい。

材料（2人分）
ヤングコーン … 4本
ミニチンゲンサイ
（通常サイズのチンゲンサイでも可）
… 100gほど
塩 … 小さじ1
油蔥酥 p.137
（台湾エシャロットの揚げたもの）… 少々

作り方

1 鍋にお湯を沸かし、塩を加える。ヤングコーンは半分に切っておく。もし通常サイズのチンゲンサイを使う場合は食べやすいサイズに切っておく。
2 ヤングコーンとミニチンゲンサイをゆでる。
3 火が通ったら取り出し、ヤングコーンはそのまま、ミニチンゲンサイは油蔥酥を和えて完成。

memo

● ジューズさんは塩のみのシンプルな味付けだが、お好みで仕上げに好きな調味料で味付けしてもよし。

現地からのこぼれ話

● ゆで野菜をお弁当に入れたら、食べる前は温めないでそのまま食べる。ヤングコーンは台湾では中秋節の時期が旬。取材時はちょうどその時期だった。

⑥ 燙小巻《タンシャオジュエン》（ゆでイカ）

新鮮な海鮮はほとんど味付けなしで、
素材のうま味をそのまま楽しむのが
ジューズさんのスタイル。
ただ生のイカを調理するのは大変なので、
下処理済みで輪切りになったものや
冷凍ものを買ってきても。その場合は
味付けをややしっかりめにする。

材料（2人分）

イカ（下処理済みで輪切りになったものやカットされた冷凍ものを買ってくると便利）… 小2杯分
ひねしょうが（普通のしょうがでも可）… スライスにして2～3枚
米酒 p.135【料理酒】… 小さじ1
塩 … 少々
こしょう … 少々

作り方

1 イカを処理して輪切りにする（下処理済みのものや冷凍の場合は不要）。
2 ヤングコーンとミニチンゲンサイをゆでたあとの残り湯を使う。鍋にスライスしたひねしょうがと米酒を入れて煮立たせてから、イカをいれてサッとゆでる。
3 食べるときに塩こしょうをお好みでかける。

現地からのこぼれ話

● 取材時の秋は澎湖《ポンフー》産のイカが旬でそれを使っていた。
● 野菜とイカをゆでた残り汁でビーフンを作るとよりおいしい。

⑦ 煎南瓜《チャーイェダン》（焼きかぼちゃ）

シンプルに焼いただけのかぼちゃ。
野菜と彩りが欲しいときに。

材料（2人分）

かぼちゃ（小）… 1/4個
サラダ油 … 適量
塩、黒こしょう … 少々

作り方

1 かぼちゃを5～7㎜幅の薄切りにする。それを8枚用意。
2 熱したフライパンにサラダ油を入れ、かぼちゃを弱火～中火で焼く。
3 両面に焼き色がついたら塩、黒こしょうで味付けして完成。

①

②

お昼のもうひとつの景色。

③

①手作りのお弁当以外に、外で食べる、テイクアウトするのも選択肢。屋台、食堂、レストラン――気軽に食べられる“おいしい”が数え切れないほどある。
②外に出てパパッと買って帰る。スープも湯麵もなんでもござれ。
③大学の昼の様子。ランチを運ぶデリバリーバイク大集合中。

④

④心地よい午後、なにを食べるか迷いながらうろうろ。⑤⑥⑦ビュッフェスタイルの食堂では、好きなものを好きなだけ食べられる。その場で食べてもお弁当にして持ち帰ってもいい。こうしたところで明日のお弁当のおかずを買って帰る人もいる。

⑤

⑥

⑦

食材を買いに、市場へ。

①

②

③

④

①買いものはスーパーのほか、市場も大事な場所だ。②たらの切り身が大きい！　③新鮮な海鮮いろいろ。④市場内の野菜売り場コーナー。いくつもの小さな店が集まっていて、自分の行きつけを持っている人も多い。

⑤

⑥

⑤おいしそうなパイナップル。市場にはみずみずしい果物もわんさかある。⑥揚げられる前の台湾エシャロットは紫色。⑦必要な部位を好きな形状に切ってもらえる肉屋さんの心強さときたら。⑧市場の乾物店は品揃えが豊富。⑨菜脯は量り売りで。

⑧

⑨

⑦

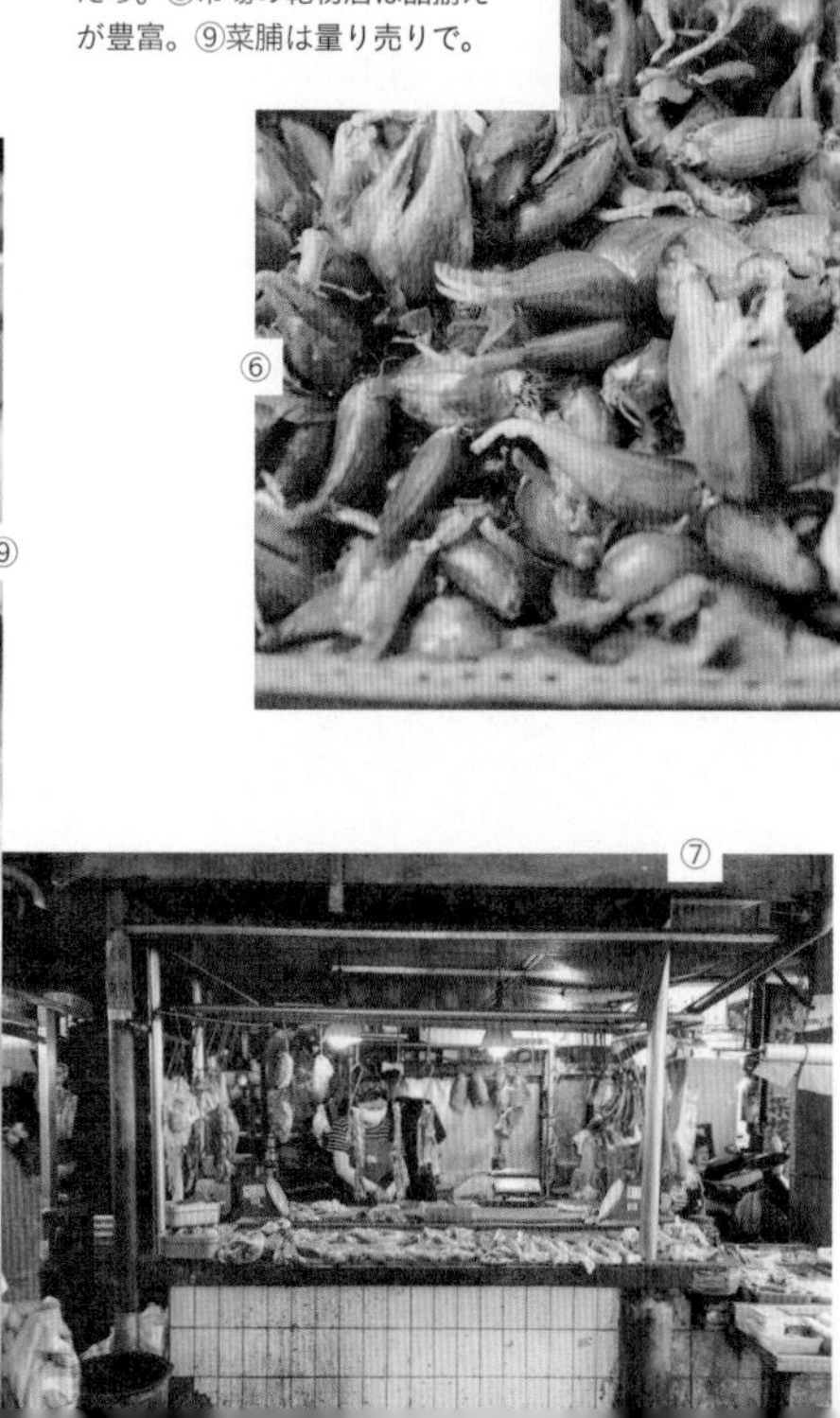

お弁当まわりの道具類。

お弁当を食べるとき、作るときに必要なものや便利なもの、とにかくビジュアルがかわいくてあると気分が上がるものなど。

箱

ステンレス製のお弁当箱

昔ながらのお弁当箱。軽くて長持ち、落としても壊れないうえに洗う場合も汚れを落としやすい。楕円形や円形、二段重ねなどバリエーションがあり、二段重ねはごはんとおかずを分けて入れるのに便利。かつては学校や職場に蒸し器や大同電鍋があるところも多く、お弁当を蒸して温めてから食べることからステンレス製が主流だった。しかしいまそれらは電子レンジに取って代わられつつあり、レンジ対応のガラス製を使う人も増えている。

袋

お弁当袋

円形お弁当箱にぴったりな袋。防水で、ひもでしっかりと口を締められるので保温性も高い。こうしたザ・お弁当袋を使う人もいれば、好きなバッグを使う人などさまざま。お弁当袋は持ち主の人柄を表すものでもある。

箸

ステンレス製の箸とスプーン

箸とスプーンもステンレス製のものを多く見かける。レンゲはグアバやレンブなど果物のヘタや種取りなどに便利で、調理道具としても万能だ。料理上手の人はステンレス製のレンゲを食べるときも調理するときもフル活用。

敷

ビニール製テーブルクロス

レトロな柄のテーブルクロスは1枚40元程度とお手頃価格で色柄も豊富。かなり薄いビニール製だが強度はなかなかだ。一目惚れしたものがあればとりあえず買っておくのが吉。ランチョンマット代わりに使うと気分が上がる。

器

ステンレス製のコップ

高さ約７㎝、容積２００㎖の小さなステンレス製コップは、ほんの少しなにか飲みたいときにちょうどよいサイズ感。軽くて小さくて丈夫なので持ち運びが苦にならない。旅やアウトドアにも好適。蓋つきなのも賢い。

容

箸入れ、調味料入れ

昔ながらの食堂や家庭で見られる箸入れ（右）は朱色と簡素なフォルムが美しい。上の蓋をパカッと外して箸を出し入れする。左は小さじ付きの調味料入れ。固定の場所でお弁当を食べるなら、置いておいてもいいかも。

容

薬のケース

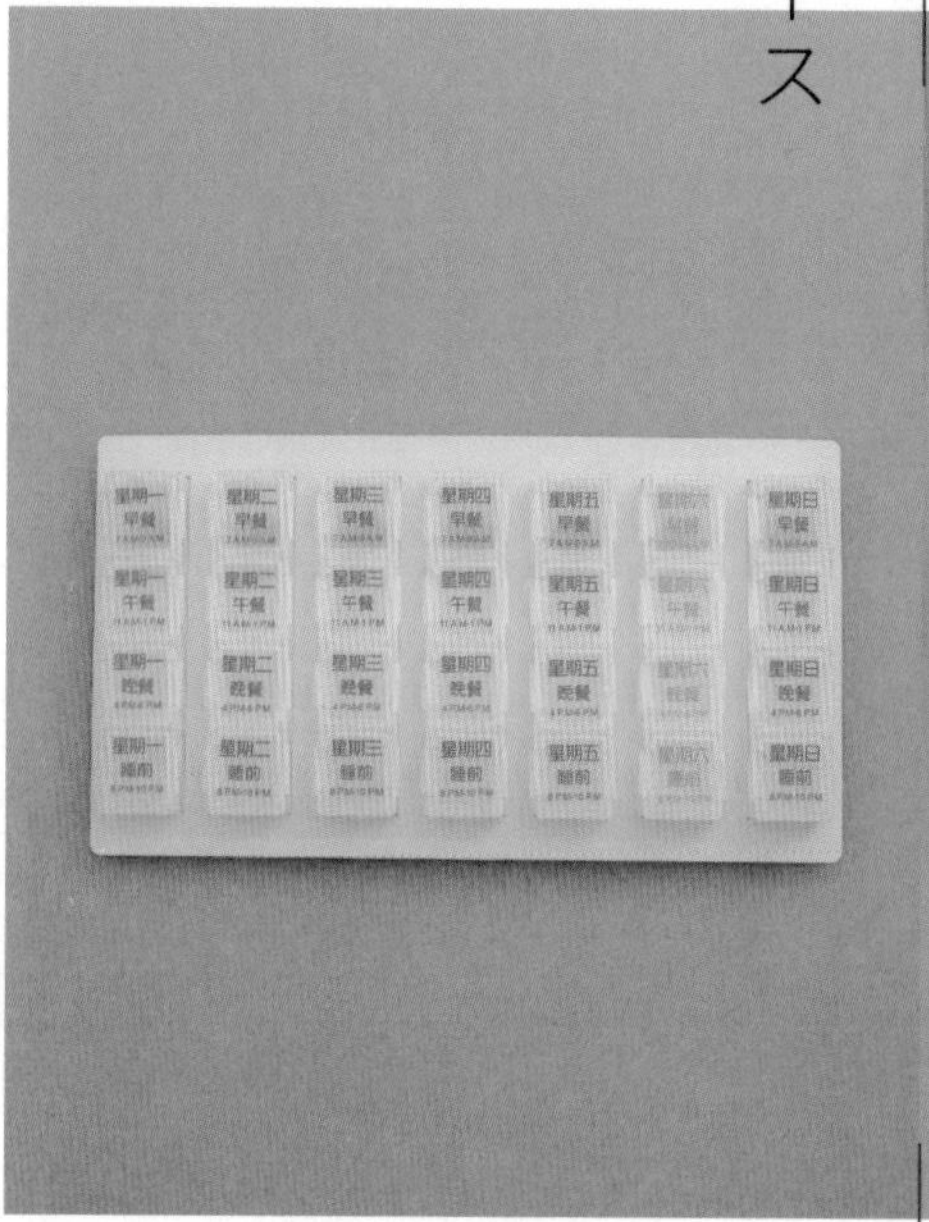

漢字表記の薬ケース。星期一《シンチーイー》（月曜日）などの曜日と早餐《ズァオツァン》（朝ごはん）、午餐《ウーツァン》（昼ごはん）などの服薬のタイミングだけでなく、夜ごはんは午後4時から6時、寝る前は午後8時から10時など細かな時間表記も興味深い。

箸

トング

中秋節のバーベキューなどで使用されることが多かったが、近ごろは普段の料理に使う人が増加中だ。役割はフライ返し兼菜箸といったところ。本書で登場するアンアンさん（65ページ）も鶏肉を焼くときに使っていた。

箸

鍋挟み

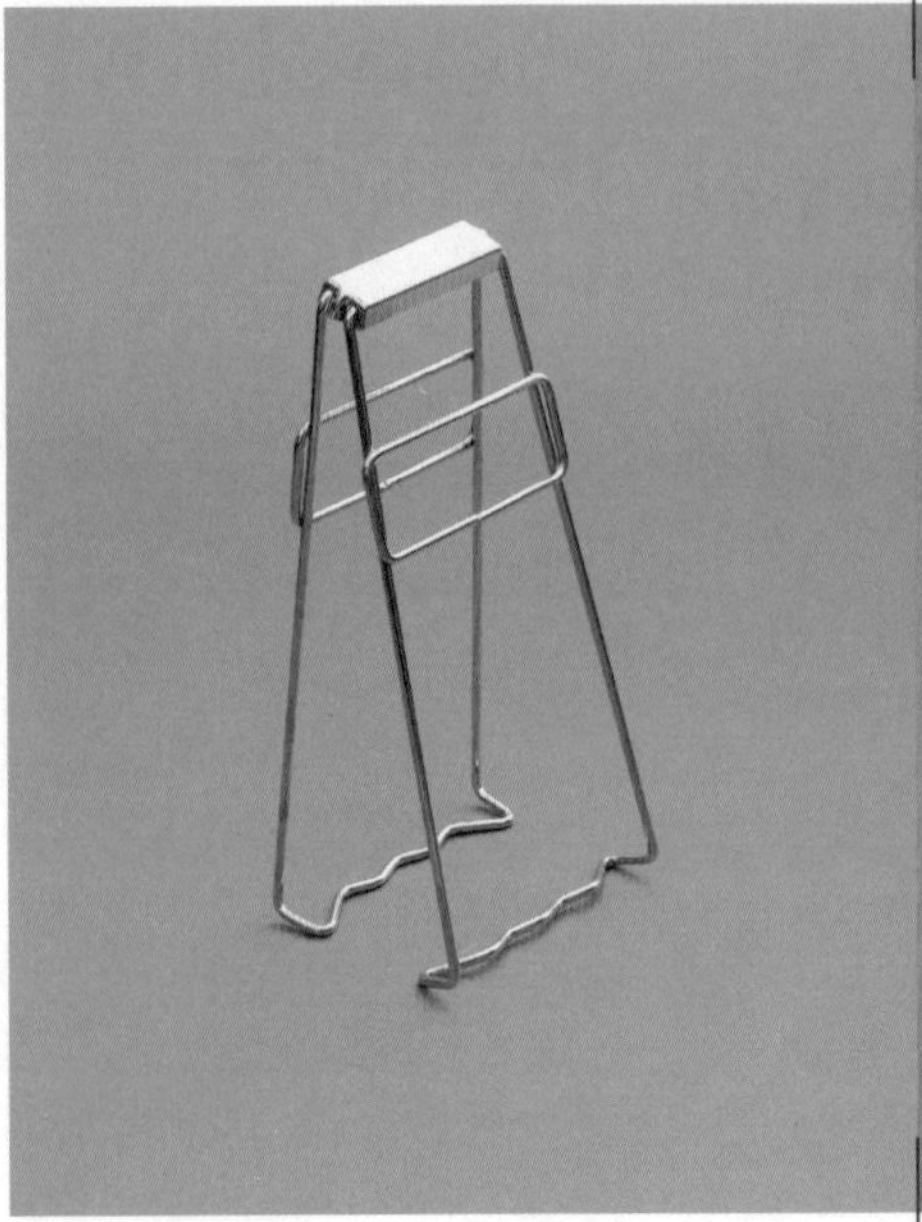

熱い料理を皿ごと中華鍋や大同電鍋から取り出すときに使う、台湾の家庭には欠かせないアイテム。運ぶときは万が一に備え、片方の手でひっくり返した鍋の蓋を皿の下に添える。現地では鍋夾《グオジア》、防燙夾《ファンタンジア》などと呼ばれている。

洗

石鹸

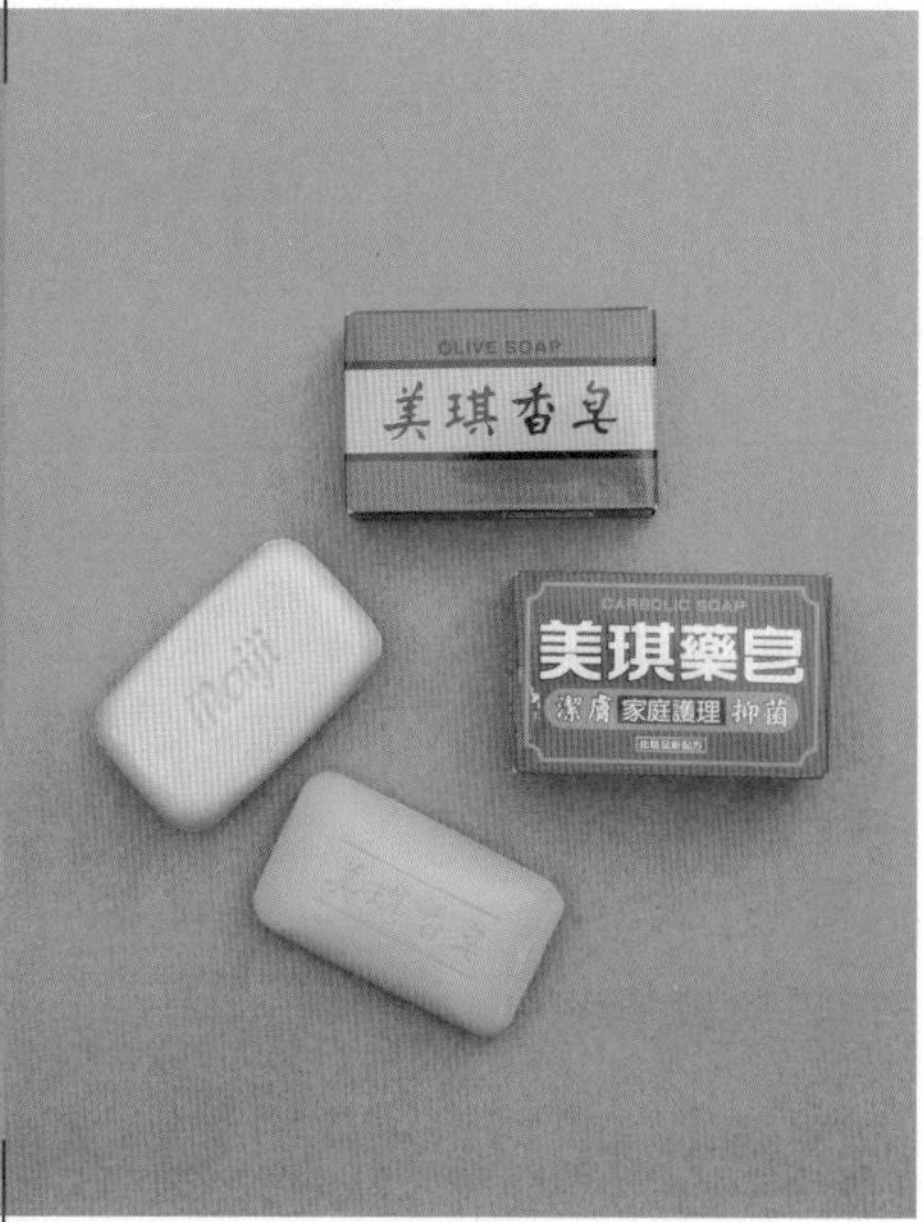

調理時の手洗いに石鹸を使う人は、いまも健在だ。たとえばこの1953年創業の石鹸メーカー「美琪《メイチー》」の石鹸は長く愛されていて、レトロなパッケージは改めて人気を博している。香りをかぐと懐かしく思う人も多いとか。

器

カラフルなプラ容器

台所が明るくなる鮮やかさ。アンアンさんの台所にもカラフルなプラ容器がたくさんあった。小さな洗面器は野菜や食材入れとして活用。洗面器の柄は昔からある鴛鴦《ユエンヤン》（おしどり）柄で、新婚さんへの贈りものにもよい。

調味料いろいろ。

本書で登場するなかでも、ちょっと気になる類いをピックアップ。メーカーや使い方など知れば知るほど面白い。どれも台湾のスーパーや市場など身近な販路で手に入るものばかり。価格は取材時の参考価格。

い　蠔油《ハオヨウ》

オイスターソースのこと。生ガキの煮汁に塩や砂糖などを加えた調味料で、牡蠣油《ムーリーヨウ》ともいわれる。広東料理によく使われ、炒めものや煮もの、鍋などに少し足すだけで風味が上がる。蠔油の代名詞的老舗メーカー「李錦記《リージンジー》」のものが有名で、この熊猫（パンダ）版は同メーカーの従来品よりお手頃価格。各大手スーパーに並ぶ。78元。

▼使用料理　45ページ

ろ　甘醇醤油《ガンチュンジャンヨウ》

甘口しょうゆ。芳醇なコクがあり各種料理に使える。肉や海鮮料理に使用する人も多い。本書に登場するシャオトンさんのおばあちゃんは、この「亀《グィ》甲萬《ジャワン》」（キッコーマン）の甘醇醤油がお気に入りで、爌肉（豚肉煮込み）作りには欠かせないそうだ。57元。

▼使用料理　76ページ

は　美極鮮味露《メイジーシエンウェイルー》

蒸し魚料理に少したらすだけで風味が増す。小麦、糖、カラメル色素などが含まれているので、ほんのりとだがカラメルソースの香りもする。蒸し、炒め、煮込み、和えのほか、鍋料理のだしとしてなど使用範囲は広い。日本で手に入れるのは難しいので、本書ではしょうゆで代用した。72元。

▼使用料理　21ページ

に　烏醋《ウーツー》

やや酸味の効いた台湾版ウスターソース。チャーハンや焼きそばを作るときに加えたり、麺線や汁なしのまぜ麺を食べるときの味の調整役としても欠かせない存在だ。本書で登場するキョさんの煮虱目魚肚（サバヒー腹身の煮込み）では隠し味になっている。この烏醋のメーカー「工研《ゴンイエン》」は日本統治時代に創業した醸造企業で、酢をメインに100種類近くの製品がある。25元。

▼使用料理　96ページ

ほ　沙茶醤《シャーチャージャン》

えびや魚をベースににんにくや香辛料、油などを加えた調味料。火鍋のつけダレとしてよく使われるほか、肉や野菜、海鮮類の炒めものやチャーハン、汁なしまぜ麺などにピリ辛の味を加えるときにも使う。少し加えるだけで香りもよくなり食欲をそそる。沙茶醤といえばこの「牛頭牌《ニオウトウバイ》」ブランド。60元。

△中身はこんな感じ！

▼使用料理　41、87ページ

へ　米酒《ミージォウ》

米を原料とした蒸留酒。料理酒として使われることが多いが、そのまま飲用する人もいる。食材の下ごしらえから料理の仕上げまで台湾でよく使われている調味料のひとつ。なかでもこの台灣菸酒《タイワンイエンジォウ》というメーカーの「紅標《ホンビャオ》純米酒《チュンミージォウ》」は、コンビニやスーパーでも買える紅標料理米酒のアルコール度が19％くらいなのに比べて、22％とやや濃厚。米酒の香りを強めに出したいときや、米酒にこだわりがある人が使う。伝統市場の調味料店や台灣菸酒専門店などで手に入る。90元。

▼使用料理　20、22、23、30、41、42、45、46、56、58、76、86、96、122、123ページ

と

香油《シァンヨウ》

白ごま油、もしくは白ごま油の割合が高いごま油のこと。香りがよく、スープや麺の仕上げに数滴たらすだけでも味と香りがぐっと引き立つ。つける、混ぜる、かけるのどれでも可。本書で登場するジューズさんは台湾の老舗食品メーカー「義美《イーメイ》」のこの芝麻香油の大ファンで、一度使ったらほかのものを使えなくなったというほど。155元。ちなみに黒ごま油は麻油《マーヨウ》という。

▼使用料理　59、118ページ

ち

味醂《ウェイリン》（ミリン）

いわゆるみりんで、日本のみりんと変わらない。日本料理店の進出や旅行者の増加により、2017年くらいから日本食を自宅でも作りたいユーザーが増えてきたことで、いまや台湾のスーパーでも簡単に購入できるようになった。料理に光沢が出る、食材の風味が増して崩れない、くさみが抑えられるなどという理由で好まれている。1945年創業の台湾を代表するしょうゆメーカーのひとつである「萬家《ワンジアー》香《シァン》」のこのみりんは手に入れやすくお手頃価格。56元。

▼使用料理　21、31、32、42ページ

り

鮮雞晶《シエンジージン》

チキンコンソメのこと。メーカー「康《カン》寶《バオ》」（クノール）のものをよく見かける。粉末220g入り112元、使用方法は日本と同じくスープにも煮ものにも炒めものにもと万能。台湾のスーパーでもクノールといえばコーンスープが主流だが、干貝雪菜濃湯（ホタテとからしなのスープ）や港式酸辣湯（香港風味のスアンラータン）など中華風味のインスタントもありお土産としてもおすすめ。

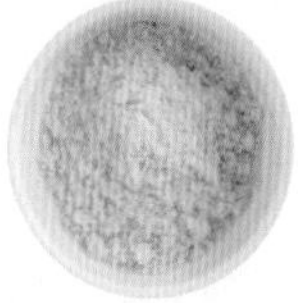

△中身はこんな感じ！

▼使用料理　68ページ

ぬ

油蔥酥《ヨウツォンスー》

紅蔥頭《ホンツォントウ》（台湾エシャロット）を細かく切って、油でゆっくりかき回しながら揚げたもの。担仔麺《ダンザイミエン》や陽春麺《ヤンチュンミエン》などの麺類ほか、スープ類、粥類などに少し振りかけるだけで香ばしく深い味わいになる。また、魯肉など肉などの煮込み料理をする際に加えても美味。ゆで野菜を塩こしょうで和えたあと、醤油膏と香油をたらして油蔥酥を散らすだけも立派な一品に仕上がる。スーパーでパック入りのものを買えるが、ジューズさんのように市場で手作りのものを買うこだわり派も。36元。

△中身はこんな感じ！

▼使用料理　122ページ

る

黒胡椒粉《ヘイフージャオフェン》

黒こしょうのこと。日本で売っているものと差異はない。台湾で黒こしょうの味といえば「胡椒餅《フージャオビン》」。しっかりとした辛みと香りがほしいときに使う。庶民的な店でステーキを食べるときには、黒こしょうか蘑菇《モーグー》（マッシュルーム）ソースか、もしくはそれを半分ずつか、ソースの選択を聞かれることが多い。写真の黒こしょうはポピュラーな「味好美《ウェイハオメイ》」（マコーミック）のもの。38元。

▼使用料理　42、120、123ページ

を

白胡椒粉《バイフージャオフェン》

白こしょうのこと。黒こしょう同様に日本で売っているものと差異はない。炒めものや和えもの、酸辣湯《スアンラータン》などのスープ類、ワンタンやザーサイと肉の麺などに軽い香りとメリハリのある味がほしいときにかける。食堂ではスープや麺にお好みで加えられるようテーブルの上に置いてあることも。メーカーは黒こしょうと同じ。38元。

▼使用料理　23、59、96、98、118ページ

わ

五香粉《ウーシァンフェン》

八角、クローブ、肉桂、花椒、ウイキョウなど数種類の香料をブレンドした、特徴的な香りのミックススパイス。「五香」とあるが使われるスパイスは必ずしも5種類とは限らない。肉や魚のくさみを消すために使用され、揚げものや炒めもの、魯肉飯《ルーロウファン》、排骨《パイグー》（スペアリブの揚げもの）など用途は広く、エスニック風味に仕上げたいときに少量足すのもあり。この五香粉は台湾の新北市に拠点を置く調味料メーカー頂《ディン》記食品《ジーシーピン》のブランド「真好家《ジェンハオジアー》」のもの。販路が多く求めやすい。48元。

▼使用料理　41、45ページ

か

八角《バージャオ》

中華料理でおなじみのスパイス八角。トウシキミという常緑樹の果実を乾燥させたもの。スーパーではパックで売られていて、必要な個数を水洗いしてから食材といっしょに煮る。日本でも手に入れやすい食材。強くて好き嫌いが分かれる香りだが、一度ハマるとないともの足りなく感じる。39元。

△中身はこんな感じ！

▼使用料理　43、76、106ページ

よ

菜脯《ツァイプー》

だいこんを干してから、長期間塩漬けしたもの。玉子焼きなど料理の具として使う場合は一度洗ってから使う。何十年も寝かせたものは「老菜脯《ラオツァイプー》」といわれ、客家人が多い地方の乾物店では驚く値が付いたものもあるほどの高級食材として扱われている。「老菜脯」は地鶏や骨付きの豚肉、だいこん、しいたけなどと煮込んだスープが有名。伝統市場の乾物店ほかオーガニックスーパーなどで売っていることも。市場にて量り売りで200g10元。

▼使用料理　31、56ページ

た

梅干菜《メイガンツァイ》

秋から冬にかけて収穫する、からし菜や高菜などの葉の部分の漬けもの。客家人の長期保存食のひとつで、天日で干してから塩漬けにする。使用時にはきれいに水洗いすること。独特の香りと甘酸っぱさがあり、客家料理では豚ばら肉と煮込んだ「梅干扣肉《メイガンコウロウ》」が有名。豆腐、タケノコ、苦瓜ほか、魯肉飯の魯肉や東坡肉《ドンポーロウ》とも相性がいい。東坡肉は刈包《グァバオ》（中華式バーガー）として、ふかふかの生地に挟んで食べると最高。1個15元、市場にて。

▼使用料理　57ページ

れ

脆瓜《ツィグァ》

うりの漬けもの。花瓜（花がついているような若い状態で収穫したうり）を、しょうゆなどの液で漬け込んで、パキッとした心地よい歯応えが特徴的。朝ごはんのお粥のおともに、そのまま漬けものとして、細かく刻んで瓜子肉（30ページ）などひき肉料理の調味料的に使うことも可能。瓶詰め以外に缶詰もあり、コンビニやスーパーなどあらゆる場所で売っている。36元。

△中身はこんな感じ！

▼使用料理　30ページ

そ

中筋麺粉《ヂョンジンミェンフェン》

中力粉のこと。おもに中華麺や肉まん、小籠包などに使われる。強力粉と薄力粉を半分ずつ混ぜて代用も可。揚げものの衣に使うとふわふわでもっちりとした仕上がりに。本書では煎柳葉魚（ししゃも焼き揚げ）で使用。26元。

▼使用料理　40ページ

つ

地瓜粉《ディーグァフェン》

さつまいもが原料の粉末。粒が際立っていて、チキンやイカなどにまぶして揚げるとサクサクの食感に仕上がる。巷では肉圓《バーワン》、蚵仔煎《オアジエン》、粉粿《フンクエ》、芋圓《ユイユエン》などにも使われている。写真は大手スーパー頂好《ディンハオ》のプライベートブランドのもの。65元。

▼使用料理　86ページ

メイン食材別索引

豚肉

鶏肉

牛肉

海鮮類

卵・豆腐

野菜

米

材料いろいろ

作って食べて。

いまもどこかで
お弁当のにおい。

企画　台湾大好き編集部
コーディネート・取材　細木仁美
撮影　張哲倫
撮影アシスタント　潘聖惟
装丁・デザイン　三上祥子（Vaa）
編集　十川雅子

Special thanks
林巧婷與林爸爸、薛沛宜、黃堂晉、
范振甯與同事們：小婉、一蓋、雅淳、孟孟、
陳安安、陳筱彤與陳奶奶、
陳雲卿與陳媽媽、許組長與許太太、
洪瑟君與洪媽媽、楊莒蓉與王曉鈴、
謝憲治、深井洋平、黃文正、高彩雯、服部美貴、
還有所有配合採訪的大家

地元《じもと》っ子《こ》が作《つく》るいつもの味《あじ》、見《み》せてもらいました！
台湾《たいわん》のお弁当《べんとう》　NDC596

2021年1月18日　発　行

編　集　台湾大《たいわんだい》好《す》き編集部《へんしゅうぶ》
発行者　小川雄一
発行所　株式会社 誠文堂新光社
〒113-0033　東京都文京区本郷3-3-11
［編集］　電話 03-5800-3614
［販売］　電話 03-5800-5780
https://www.seibundo-shinkosha.net/
印刷所　株式会社 大熊整美堂
製本所　和光堂 株式会社

ISBN978-4-416-52167-0